井塘村志

LOCAL RECORDS OF JINGTANG

山东省青州市王府街道井塘村志编纂委员会　编

图书在版编目（CIP）数据

井塘村志 / 山东省青州市王府街道井塘村志编纂委员会编 . -- 北京：方志出版社，2019.12

（中国名村志丛书）

ISBN 978-7-5144-3974-8

Ⅰ. ①井… Ⅱ. ①山… Ⅲ. ①村史—青州 Ⅳ. ① K295.25

中国版本图书馆 CIP 数据核字（2019）第 265721 号

·中国名村志丛书·

井塘村志

编　　者：山东省青州市王府街道井塘村志编纂委员会
责任编辑：宁　芳

出 版 者：方志出版社
地址　北京市朝阳区潘家园东里 9 号（国家方志馆 4 层）
邮编　100021
网址　http：//www.fzph.org
发　　行：方志出版社图书经销中心
电话　（010）67110500
经　　销：各地新华书店
排　　版：北京纺印图文设计制作有限公司
印　　刷：北京中科印刷有限公司

开　　本：787 × 1092　1/16
印　　张：13.5
字　　数：245 千字
版　　次：2019 年 12 月第 1 版　2019 年 12 月第 1 次印刷

ISBN 978-7-5144-3974-8　**定价**：108.00 元

序一

中共十九大报告明确提出："坚定文化自信，推动社会主义文化繁荣兴盛。""没有高度的文化自信，没有文化的繁荣兴盛，就没有中华民族伟大复兴。要坚持中国特色社会主义文化发展道路，激发全民族文化创新创造活力，建设社会主义文化强国。"编修地方志是中华民族千百年来的固有传统，留下了浩如烟海的历史文献，承担着传承中华文明、发掘历史智慧的重任，发挥着存史、育人、资政的作用。

在习近平新时代中国特色社会主义思想指引下，在增强文化自信、推动传统文化创造性转化、创新性发展背景下，全国地方志事业迎来了开拓创新与转型升级的重要机遇期。中国地方志指导小组及其办公室组织实施的中国名村志文化工程，用中国独有的文化载体——地方志，来记录乡村的"名"和"特"，记录乡村全面建成小康社会的进程和取得的成就，是地方志围绕以人民为中心开拓创新的具体举措，是传承乡土文化、坚定文化自信、加快建设社会主义文化强国的内在要求，是服务乡村振兴战略、加快全面建成小康社会、推进社会主义现代化建设、实现中华民族伟大复兴中国梦的应有之义。

实施中国名村志文化工程，是方志人贯彻落实习近平总书记"农村要留得住绿水青山，系得住乡愁"重要讲话精神的重要举措。"望得见山、看得见水、记得住乡愁……"习近平总书记用诗意的语言为中国的新农村建设指明了方向。开展新农村建设、美丽乡村建设，一定要把绿水青山保留下来，尽可能在原有村庄形态上改善农民生活条件，不盲目拆旧，也不盲目造新，让家乡的每一条河、每一棵树、每一口井，都能永远成为我们的乡愁。这是我们弘扬传统、面向未来的底气所在。那么，如何留住乡音、乡风、乡思，继承传统文化菁华，挖掘历史智慧，成为极其重要的工作。实施中国名村志文化工程，保护抢救、传承保存、开发利用宝贵的村落文化，重新唤起人们记忆中古老村落的青山绿水、小河大树、轶事掌故，打造完整记录乡村发展嬗变和现代化农村经济社会运行模式的系列中国名村志丛书，让乡土文化回归并为困惑的当代人提供精神家园，让农耕文化的优秀菁华成为建构农村文明的底色，无疑具有重要的现实意义和深远的历史意义。

实施中国名村志文化工程，是方志人贯彻落实党中央乡村振兴战略的鲜活实践。中共十八大以来，以习近平同志为核心的党中央高度重视农业、农村、农民工作，提出了许多新理念、新思想、新战略，特别是中共十九大报告作出实施乡村振兴战略的重大部署。2018 年 9 月 26 日，中共中央、国务院印发《乡村振兴战略规划（2018—2022 年）》，明确提出“鼓励乡村史志修编”。深入推进中国名村志文化工程，有利于全面翔实记录乡村振兴进程，客观记载地理环境、历史沿革、姓氏源流、人口、民族、方言、民居、宗祠、风俗习惯、家谱族谱、家规族规、宗教信仰、文物遗址、掌故传说、历史事件、人物等，完整保留乡土文化的原貌。所有这些工作，可以为延伸地方志工作触角，充分发挥志书存史、育人、资政功能提供借鉴；可以为社会各界和华人华侨、港澳台同胞寻根问祖、反哺桑梓、泽被乡里提供帮助。依托中国名村志文化工程的重要平台与载体，乡村振兴战略下的现代乡村将进一步挖掘自身独特内涵，彰显其新时代的作用及意义。

中国名村志文化工程从新时代中国特色社会主义的新需求出发，创新体例，立足实际，内容既严谨又通俗，展示了不同地区自然和社会风貌，在坚持志体基础上运用专题报告、回忆录、人物访谈、新闻资料等多种手法，重点介绍农村地区在转型发展方面的探索、示范、引领意义，对于不断提高地方志事业围绕中心服务大局的能力，为乡村改革发展贡献历史智慧，讲好中国故事，彰显中国软实力，增强“四个自信”等方面具有积极意义。

两年来，在借鉴中国名镇志丛书及各地乡镇（村）志宝贵编纂经验的基础上，中国名村志丛书编修不断取得丰硕成果，产生了良好的社会效益，新一批中国名村志的申报数量、覆盖范围延续强劲增长态势，充分体现出强大的内生动力。下一步，要总结经验、把握规律，为服务国家城镇化建设和乡村振兴战略打造更多优秀文明成果，推动中华优秀传统文化创造性转化和创新性发展，从中提炼出适合新时代、新形势、新变化、新要求的文化精髓，展现中国方志的当代价值和世界意义。

是为序。

中国社会科学院院长
中国地方志指导小组组长　谢伏瞻

序二

连绵不断地编修地方志是中国独有的优秀文化传统，承担着赓续文明、传承文化的重任。保存至今的8000余种、10万余卷历代方志，蕴含着传统文化基因和海量文化信息，既是中华优秀传统文化的重要组成部分，又是传承、彰显中华优秀传统文化的重要载体。

在各种类型的地方志编纂中，村志编纂古已有之，但从未进入国家层面的地方志编纂序列。新中国成立以来，党中央、国务院高度重视包括村志编纂在内的地方志工作，出台了重要文件。中央领导发表了重要讲话、作出了重要批示。习近平总书记高度重视包括村志编纂在内的地方志工作。2004年10月，他在担任浙江省委书记时到江山市凤林镇白沙村考察，看到村民编纂的《白沙村志》，鼓励村民把村志继续编纂下去。2014年4月，刘延东副总理在与第五次全国地方志工作会议部分会议代表座谈时指出："要结合发展的新形势，加强对地方志包括部门志、行业志、专题志、乡镇村志编纂的业务指导和服务。"2015年8月，国务院办公厅印发的《全国地方志事业发展规划纲要（2015—2020年）》，正式将中国名村志文化工程列为主要任务之一。2017年5月，中共中央办公厅、国务院办公厅印发的《国家"十三五"时期文化发展改革规划纲要》指出："完成省、市、县三级地方志书出版工作。开展旧志整理和部分有条件的镇志、村志编纂。"可以说，村志编纂迎来了历史上的最好时期。

农业、农村、农民"三农"问题，是数千年来影响中国社会发展最核心的问题。中共中央高度重视"三农"工作，从2004年起，连续13年，每年的中央1号文件都聚焦"三农"。中共十九大报告更是提出"农业农村农民问题是关系国计民生的根本性问题，必须始终把解决好'三农'问题作为全党工作重中之重"，特别是提出了"乡村振兴战略"，这是中国共产党在中国特色社会主义进入新时代后，对农村发展问题所做出的准确把握和与时俱进的战略应对，是建设中国特色社会主义强国战略的重要组成部分。改革开放近40年来，在党中央、国务院高度重视社会主义新农村建设的新形势下，各地涌现出一大批历史文化名村、经济强村、新农村建设示范（试点）村、美丽乡村和特色村，成为先进生产力和先进文化的代表。客观记录中国农村全面建成小康社会的进程，向后人展示在中国共产党领导下农村千年未有的巨变，是地方志工作者肩负的光荣而重大的历史使命。编纂中国名村志丛书，是记载当代中国农村发展变革的重要途径。

文化寻根，寻的是其发展的源头和根基。村落是中国传统文化的根基所在。农村的生产生活方式、社会规范、宗族文化、宗教文化、民风习俗、传统节日、民间艺术等，无不镌刻着中国人独特的民族性格，这就是家国情怀、文脉绵延、精神归属。在快速城镇化进程的冲击和开发性破坏下，大量传统村落面临消亡的危机，村落蕴含的历史文化信息也流失殆尽，抢救性保护刻不容缓。编纂中国名村志丛书，是保存村落历史文化信息，抢救、保护村落文化最好的方式。

一方水土养一方人。家乡的山水草木、村间小巷、乡俗民情会在每个人心头留下深刻的烙印，这就是故土情结。而村落的形成与发展离不开人的活动。编纂中国名村志丛书，通过记述村落建筑、名门望族来追溯村落的历史；通过记述村落规模、布局、人口、物产等反映人口来源、宗族兴衰、生活习惯、文化背景、宗教信仰、经济发展等，体现环境与人相互影响、相互作用、相互发展的既矛盾又统一的关系；通过记述戏剧、音乐、舞蹈、美术、文学、手工技艺等文化形式，展示百姓在长期的生产生活实践中摸索和总结出的智慧结晶，强化人们沟通感情的纽带。编纂中国名村志丛书，是传承乡俗、诉说乡音、记住乡愁、纾解乡思，激活历史传统、唤起共同文化记忆、塑造共同心灵认同的重要文化工程。

中国名村志文化工程以践行文化自信、传承中华文脉、彰显时代发展为己任，以打造全国地方志系统的重要品牌为目标，在体裁运用、篇目设置、资料选择等方面进行大量的创新，突出“名”和“特”，拣选各个名村中最值得记述、最具有代表性的人、事、物，予以浓墨重彩的描画，从而形成系列的、高质量的、可读性强、雅俗共赏的地方志读本，让地方志紧接地气、贴近百姓，让地方志成果进入寻常百姓家，让人民群众共享地方志成果，让越来越多的人从地方志中感知传统、历史和记忆，成为传统村落和传统文化的守护者，成为中华优秀文化的传承者。

是为序。

中国社会科学院原院长
中国地方志指导小组原组长　王伟光

◉ 序三

习近平总书记指出："让居民望得见山，看得见水，记得住乡愁。"这句富有诗意的重要论述不仅唤醒了中国人城镇化建设过程中对于人和自然关系、人和历史关系的思考，同时也引发了学界对"乡愁"进一步进行文化意义解读的兴趣。从本质上看，乡愁是一种源自主体体验的情感，隐含了一种人们带着乡愁追寻自我生存与生命意义、追寻诗意栖居的精神家园的美学思辨。同时，这种追寻自我生存的主体逐渐转向大众群体，乡愁也由传统单一的"文化乡愁""爱国情怀"演变为对于"理想家园"的精神追求。

中国有近 60 万个村庄，约有 5000 个古村落，被住房城乡建设部和国家文物局界定的传统村落就有 1561 个。随着中国城镇化步伐的加快，乡村的版图日渐凋敝，大批农村青壮年劳动力走进城镇，融入了新的生活。然而，每逢传统佳节，那种挥之不去的离愁别绪挟裹着亿万农民工，又融入了返乡的滚滚洪流。这是乡愁的情愫牵动着他们，是故乡的山、故乡的水、故乡的老屋、故乡的小吃在牵动着他们，是故乡家家户户的楹联和口口相传的故事，以及只有在隆重的传统佳节才有的古老的民风习俗在牵动着他们。

文化可以体现一个民族、一个国家、一个社会的重量与体温，这是文化的力量之所在，而村落是传统中国的根脉所系，乡土社会是最能够体现中国传统文化特征的地方。梁漱溟曾指出："中国文化是以乡村为本，以乡村为重，所以中国文化的根就是乡村。"我曾在《建设社会主义新农村的理论与实践》一书中指出，在新农村建设的过程中，必须"保护和发展有地方和民族特色的优秀传统文化，创新农村文化生活的载体和手段，满足农民群众多层次、多方面的精神文化需求"，而编纂村志尤其是实施中国名村志文化工程就是一个重要举措。实施中国名村志文化工程，编纂中国名村志丛书，以最基层的村落为研究对象，寻根传统村落的历史，梳理村落的发展脉络，以唤起人们的归属感和认同感，探索新型城镇化和社会主义新农村建设过程中，如何留住乡音、乡风、乡思，继承传统文化精华，挖掘丰富历史智慧，是贯彻落实中央城镇化工作会议精神和中共十九大提出的“乡村振兴战略”的重要举措，是当前和今后一个时期全国地方志工作者的重要工作。

虽然村落文化正在日益远离当下生活，但我们可以抓住诸如基本村情、文物胜迹、古村保护、特色文化、旅游名胜、村域经济、风土民情、村民生活、新农村建设、艺文杂记、名人与名村等关键内容，通过志书的手法来诠释乡村文化的精华。我们如实记录着村落里的人和事，以及青山绿水、小河大树、袅袅炊烟，力争以最完整、最原真的方式呈现村落的前世今生。我们要为“迷失”的人留住乡村文化的根脉，让人们难以割舍的乡愁得以慰藉和释放。

中国名村志文化工程将触角伸向那些极具代表性的村落，它们有的历史悠久、名人辈出，有的经济腾飞、重获新生，有的风景秀丽、景观独特，有的地处边陲、神秘莫测……我们挖掘中国不同类型村落的发展之路，为探索新型城镇化和社会主义新农村建设的发展经验、发展模式、前进道路提供历史智慧和现实借鉴。因此，打造以重在表现乡村嬗变为主旨的中国名村志丛书十分必要和迫切，这是一项功在当代、利在千秋的文化工程。

近年来，随着中国经济社会的发展和国际地位的提高，越来越多的人想要认识中国、了解中国、研究中国。在这样的形势下，乡村是不可或缺的一环，我们要集中讲好发生在乡村的故事，向世界呈现一个多元的、立体的中国。乡村历经岁月变迁的风雨，见证着改革开放的步伐，寄托着数代中国人的情感。发生在乡村的故事无疑是血肉丰满的、震撼人心的、引起共鸣的。我们应该有这个自信能够讲好乡村故事，讲好中国故事，描绘出中国的底色，“让每一个中国人都能在地方志中找到自己的位置”。

可喜的是，越来越多的有识之士认识到了这一点，加入到保护、传承、发展村落文化的队伍中来。仅就编纂中国名村志丛书来看，第一批的申报范围就涵盖包括香港特别行政区在内的32个地区，申报数量高达70余部。“直笔著信史，彰善引风气，为当代提供资政辅治之参考，为后世留下堪存堪鉴之记述”，这是我们的初心和使命。希望中国名村志文化工程的实施，能够带动更多的人关注中国乡村文化，为社会主义文化强国建设作出更大的贡献。也希望越来越多的名村都来融入继承中华文化传统、颂扬中华传统文化的活动中，让正能量更多地润泽温暖人们的心灵，让更多的人“记得住乡愁”！

是为序。

中国社会科学院原副院长
中国地方志指导小组原常务副组长
李培林

◉ 中国名村志文化工程专家委员会

◉ 中国名村志文化工程学术委员会

◉ 山东省青州市王府街道井塘村志编纂委员会

主　　任　魏林卿

副 主 任　刘玉斌　樊光湘　刘洪昌　吕耐彬

委　　员　李志强　孟宪涛　孙全铭　孙世德

　　　　　　吴广春

◉ 山东省青州市王府街道井塘村志编辑部

主　　编　孟庆刚

执行主编　王现友

副 主 编　刘玉斌　樊光湘　刘洪昌

编　　辑　张国新　孟宪涛　孙好平　孙全道

编　　务　李　宁　韩济生　刘增荣　李伟民

　　　　　　刘小云

摄　　影　李　宁　阎星年　石　磊

冬日井塘　　有祥群　摄

◉ 中国名村志丛书凡例

一、以马克思列宁主义、毛泽东思想、邓小平理论、“三个代表”重要思想、科学发展观、习近平新时代中国特色社会主义思想为指导，坚持辩证唯物主义和历史唯物主义的立场、观点和方法，存真求实，全面、客观、系统记述中国名村村落发展变化进程和改革开放成果，传承和抢救乡土历史文化，激发爱国爱乡情怀，留住乡愁，为探索中国特色新型城镇化建设、服务乡村振兴战略提供历史智慧和现实借鉴。

二、为全面反映入志事物发展脉络，各志上限尽量追溯至事物发端，下限一般断至各村志启动编修年份，个别重大事项可延至搁笔。详今明古，着重反映时代特色和地方特点，重点体现各村的“名”与“特”。

三、记述地域范围以下限年份的行政辖区为主。为体现名村在更大区域内的意义，可以从更开阔的区域视野记述与该村相关的内容。

四、统一采用纲目体，设类目、分目、条目三个层次。横排门类，纵述史实，述而不论。

五、综合运用述、记、志、传、图、表、录等各种体裁，以志体为主。体裁运用适当创新，篇目设置不求面面俱到，一般意义上的村级内容略去不载。

六、除引用文字和附录文献资料外，统一使用规范的现代语体文记述，行文力求朴实、严谨、简洁、流畅、优美，具有较强可读性。

七、人物部类遵循“生不立传”原则，人物传主按生年排序，只选录对本村发展有重大影响的人物，不面面俱到。

八、各项数据一般采用国家统计部门数据。数据缺乏的，采用主管部门或主办单位正式提供的数据。

九、数字用法、标点符号、计量单位分别执行国家标准《出版物上数字用法》

（GB/T 15835—2011）、《标点符号用法》（GB/T 15834—2011）、《国际单位制及其应用》（GB 3100—1993）和《有关量、单位、符号的一般原则》（GB 3101—1993）。历史上使用的计量单位，如斗、石、里、尺、磅、华氏度等，在引文时可照录。考虑到社会使用习惯，全书中亩不统一换算。

十、中华民国成立前的纪年，使用朝代年号纪年，括注公元年份；中华民国成立后的纪年，均使用公元纪年。志中所称“解放前（后）”，以该村解放日为界；“新中国成立前（后）”，以中华人民共和国成立日 1949 年 10 月 1 日为界；“改革开放前（后）”，以 1978 年 12 月中共十一届三中全会召开为界。本志“×× 年代”，凡未加世纪者，均指 20 世纪。

十一、为节省篇幅，避免重复，本志采用条目互见法。参见条目的表示形式为：参见本志“×× 类目 · ×× 分目 · ×× 条目”。

十二、对旧志、古籍中的繁体字、冷僻字一般用简化字或通用字替换，易引起误解的则保留。

十三、记述各个历史时期的党派、机构、职务、地名等，均以当时的名称为准。对频繁使用的名称，首次用全称并括注简称，其后用简称。

十四、各村志需要单独说明的事项，均在各自编纂始末中记述。

井塘村在中国的位置

审图号：GS（2019）4178 号

井塘村在山东省的位置

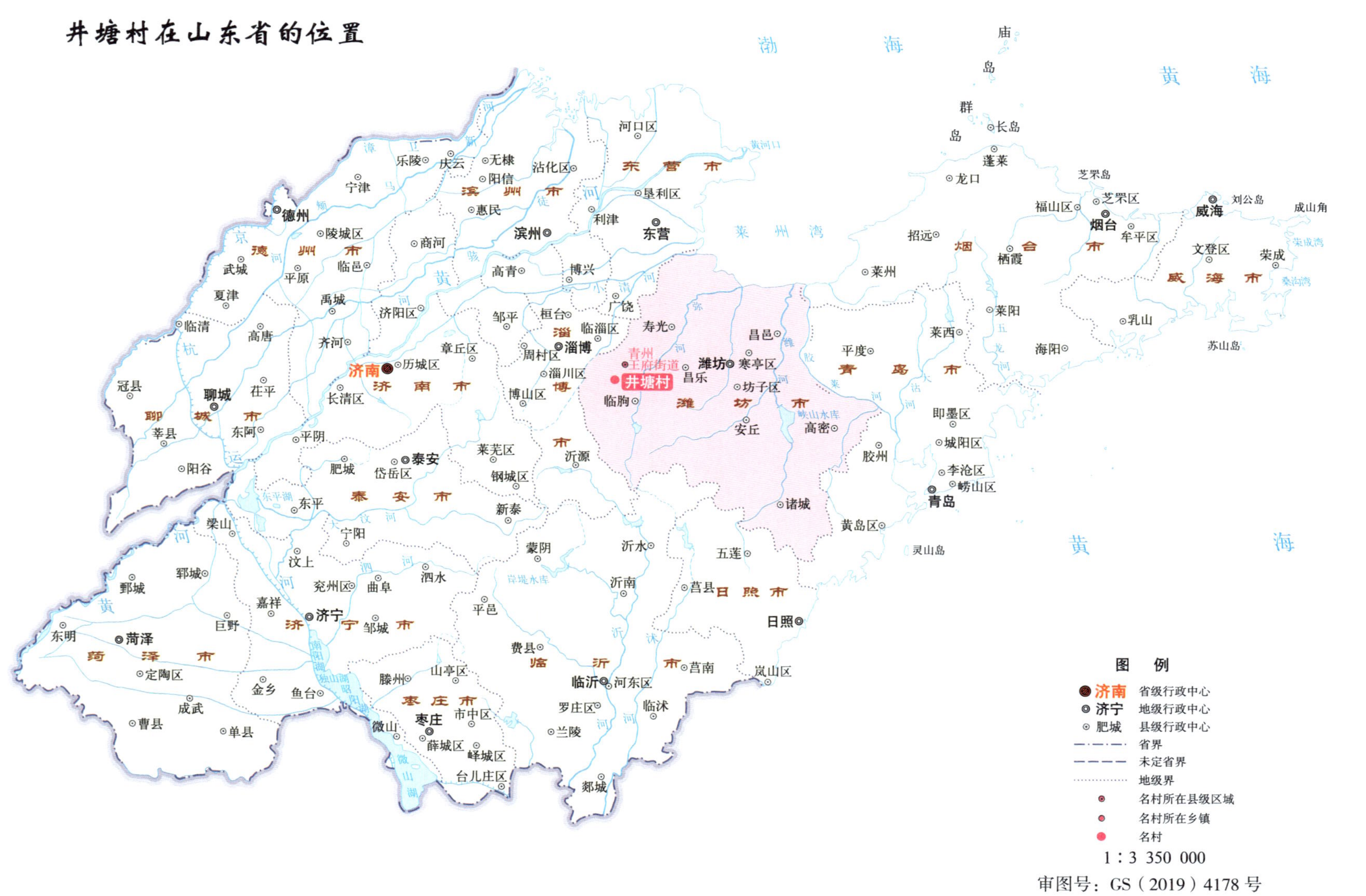

1：3 350 000

审图号：GS（2019）4178号

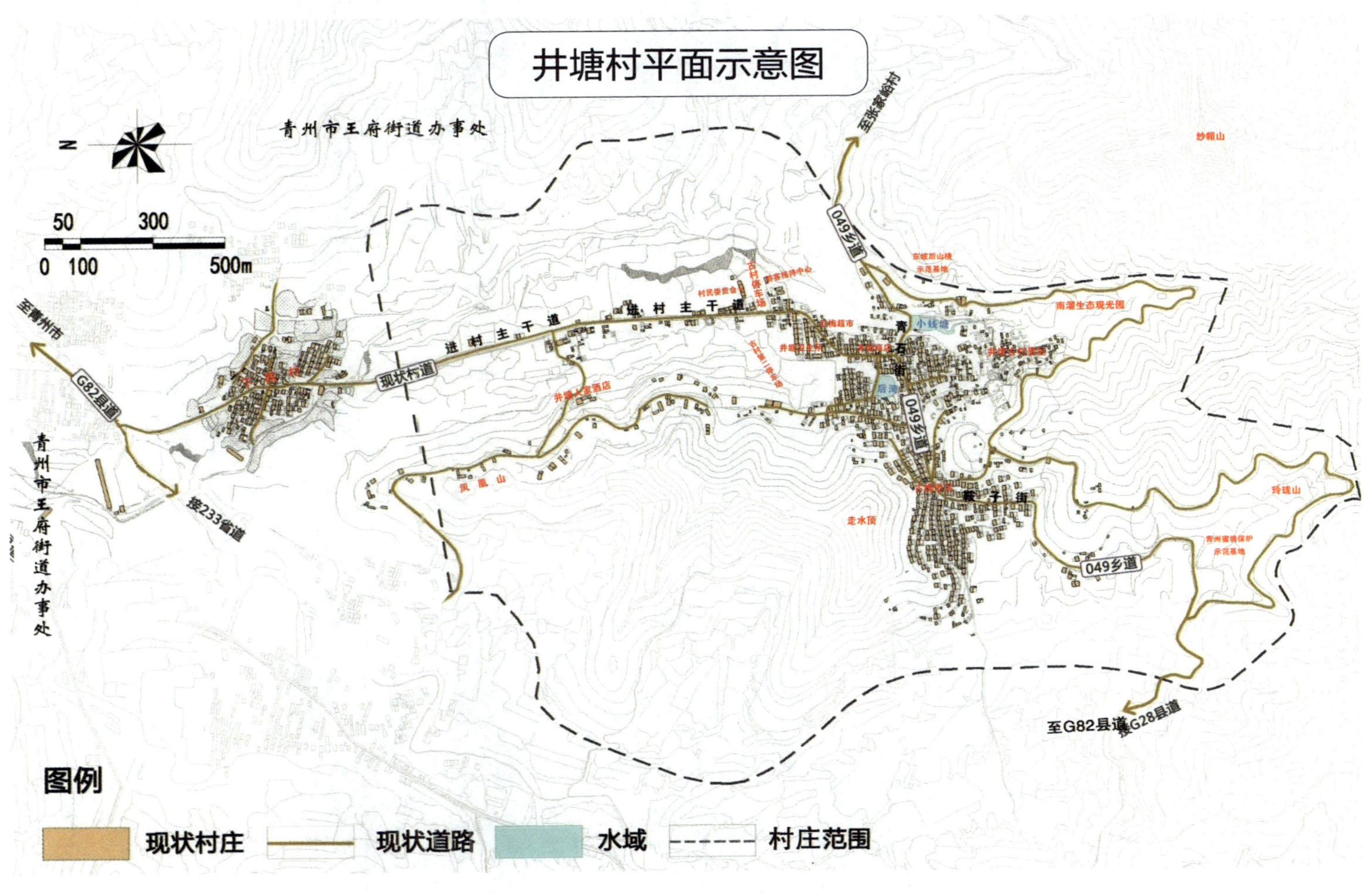
井塘村平面示意图
青州市王府街道办事处
N
50
300
0
100
500m
至青州市
G82县道
接233省道
现状村道
进村主干道
049乡道
至张家峪村
南潘生态观光园
小栈塘
青石街
后湾
蔡子街
凤凰山
走水顶
玲珑山
妙帽山
至G82县道
接G28县道
图例
现状村庄
现状道路
水域
村庄范围

井塘之春（2015 年）

赵志琴　摄

井塘之夏（2017 年）

鲍英信　摄

井塘之秋（2015 年）

有祥群　摄

井塘之冬（2014 年） 李君 摄

古村古井（2018 年） 周象坤 摄

玲珑山（2018年）

李宁 摄

目录

中国乡村旅游模范村——井塘

山东省青州市王府街道井塘村位于青州市城区西南部，距市政府驻地 15 千米，东邻南闫村，西邻凤山村、石皋村，北邻上院村、下院村，南为玲珑山，与王坟镇接壤。村庄依山而建，并被“鞍子口”山脊分为东西两个聚落。井塘村由井塘和郭沟山两个自然村组成，域内有玲珑山、纱帽山等山头 32 座。2018 年年底，村域面积 10 平方千米，耕地 1405 亩，山地 4000 余亩，全村 503 户、1700 人。

井塘是中国北方保存较完好的明代建筑风貌古村落。有“魏碑三奇”之一北魏著名书法家郑道昭摩崖题刻，有典型沂蒙山区村落民居、庙宇戏台、古道古桥、古楼古井，有延续 500 多年的祭祀传承和民间香社活动。至 2018 年，井塘村先后获山东省历史文化名村、山东省最美乡村、山东最美旅游风情小镇、山东省“乡村记忆”工程文化遗产单位、中国传统村落、中国美丽乡村百佳范例、中国乡村旅游模范村等荣誉。

井塘立村于明景泰七年（1456），因村东纱帽山下有深透窟穴，泉源不涸，形成水塘，村人将塘甃石为井，即称井塘，村亦取名为井塘。明嘉靖年间（1522—1566），青州衡王府第三代王爷朱载圭三女儿选嫁井塘吴氏，王府为之大兴土木，铺路修桥，兴建仪宾府，全石建成 3 座楼 72 口瓦屋，粮仓、马厩、花园、管家院一应俱全。以仪宾府为中心，逐渐形成以张家大院、吴家大院、孙家大院为主的四合院式古民居建筑 120 余处，古街近千米，村落占地面积 2 万多平方米。

村南境玲珑山，古称石膏山、北峰山、笔架山，为青州市旅游名胜区。山腰洞穴遍布，有的上下相连，有的前后贯通。通天洞有题刻“荥阳郑道昭白云堂中解易老也”。

2015 年，井塘村被评为中国乡村旅游模范村　　李宁　摄

井塘古村建筑群（2018 年）　　游客接待中心　提供

奇石天成，有如天降，亦如飞来；关、门无二，凌霞卡天。山巅东北视青州，东南瞰临朐，二城尽在一望中。瑶池殿始建于明代，历经重修，供奉王母、纯阳祖师、观世音，佛道双尊，香火旺盛。山阴白驹谷郑道昭摩崖题刻“雄冠魏碑一代风”，与现代国内外知名书家题刻交相辉映。清代王心清盛赞玲珑山“此山若移郡城侧，未许云门称昆弟”。

井塘村域物产丰富。除粮食作物外，盛产山楂、蜜桃、柿子、核桃、杏等多种干鲜果品，形成完备的山地林果种植加工经营模式。山楂切片畅销全国，为村民收入重要来源。所产蜜桃品质优良，为青州重要生产基地。柿饼加工历史悠久，工艺保留至今，为传统出口农产品。野生中草药资源丰富，利用潜力较大。玲珑石，瘦、漏、透、皱、秀五品皆具，令人赏心悦目；红丝石，纹理天成，质地温润，可观赏，可制砚。

物华天宝，地灵人杰。井塘先民自定居玲珑山下起就与山石结缘。从明清、民国直到 20 世纪 70 年代，井塘人依靠勤劳双手和生活智慧，顺应自然，利用自然，改造自然，以当地青石为主料，以木材、麦秸、泥土为辅料，因势而造，依山而建，使石砌房民居建筑技艺与自然环境、雕刻绘画、民俗文化有机融合。石屋四梁八柱，四合院布局，户户相连，鳞次栉比，错落有致，民居除门窗屋顶外，全为石块砌筑。2009 年，石砌房民居建筑技艺被列入山东省第二批非物质文化遗产名录。2015 年，井塘古村建筑群被山东省人民政府公布为省级文物保护单位。

井塘村民间信仰和民间文化活动丰富多彩。吴、孙、张三大家族谱碑、谱牒保存完整，长幼有序，字辈分明。神庙古祠、香社组织保存完好，香火庙会、接季祈福活动按时举行。依托佛教讲故事的曲艺演唱“青州宣卷”于2016年被列入山东省级非物质文化遗产名录。井塘子弟戏班起源于清代，京剧、吕剧、梆子腔，曾唱红四邻八乡。

20世纪90年代，井塘古村历史文化旅游资源引起青州市委、市政府高度重视。2003年开始，青州市通过各种途径加强古村保护和资源调查。2011年5月，青州市委、市政府成立井塘古村旅游项目建设指挥部，推进井塘古村落及玲珑山景区保护、开发与建设。2012年10月1日，正式开启古村旅游项目。至2017年，修复古村民俗院落13处；恢复古围墙2000多米；依照衡王嫁女古道风貌铺设石头路面3000多米；建设停车场2处，共1.4万平方米；恢复庙宇4座；建设塘坝1座，打机井2眼。井塘古村实现旅游无收入到门票收入达300万元巨变。至2018年年底，共接待游客135万人次，门票收入1250万元，旅游总收入9500万元，带动直接就业人员200多人，旅游从业人员700多人。作为中国乡村旅游模范村、中国民俗学会研究基地、山东省旅游摄影基地，电视剧《红高粱》《远古神童》和电影《终极胜利》拍摄地，井塘乡村旅游影响持续扩大，经济和社会效益不断增加。

“山不在高，有仙则名”，井塘村将依托玲珑山和古村特色，有效整合旅游资源，完善配套各项设施，在乡村振兴实践中创造出新的奇迹。

玲珑山白驹谷（2018 年）　　游客接待中心　提供

基本村情

井塘村位于青州市区西南15千米处，为王府街道所辖。2018年，全村总人口1700人，村域面积10平方千米。全村有吴、孙、张三大姓氏。明、清、民国时期石砌房民居建筑保留至今，被公布为山东省非物质文化遗产和山东省级文物保护单位。井塘村先后获山东省历史文化名村、中国传统村落、中国乡村旅游模范村等荣誉称号。

建置区划

村名由来　井塘村原名井塘峪，民国初期改称井塘庄。村民常言：“先有井塘泉，后有井塘村。”1988 年，青州市地名委员会与井塘村民委员会所立村名碑载：“井塘距益都镇十五公里，南依玲珑山，明景泰七年吴姓由吴家井迁此立村。村东山下有一清泉，常年不涸，后凿为井塘，故村名依之。”

郭沟山村，据《张氏家谱》载，清咸丰年间（1851—1861），井塘村张氏为看果园迁此定居，因此地山沟多果树，取名果沟山，后改为郭沟山。一说因村东沟内遍布葛藤，故取名为葛沟山村，后沿为郭沟山村。

建置沿革　明、清时期，井塘村属青州府益都县乐善乡。1929—1935 年，属益都县二区石皋镇。1935 年，属益都县龙山区（二区）。1946 年，属龙山区井塘乡。1952 年，属益都县龙山区（七区）井塘乡。1954 年，并入龙山区。1958 年春，属益都县龙山乡。1958 年 9 月，属益都县五里人民公社。1984 年，属益都县五里镇。1986 年，属青州市五里镇。2007 年 8 月，属青州市王府街道。

自然村落　井塘行政村包括井塘和郭沟山两个自然村。井塘村依山而建，东、西、南三面环山，并被“鞍子口”山脊分为东西两个聚落。郭沟山村东距井塘村 1.5 千米，坐落于郭沟山西侧，依山而建。

郭沟山村进村路（2018 年）　　李宁　摄

区位　交通

地理位置　井塘村位于青州市政府驻地西南 15 千米处，北纬 36° 36′ 57"，东经 118° 23′ 40"，海拔 280 米。南依玲珑山与王坟镇接壤，东靠南闫村，北邻上院村、下院村。

道路交通　井塘村三面环山，只有北面无山丘阻隔。有 3 条出村道路：向北公路经下院村至刘家井村与五孙路相连；向东公路经南闫村、张家峪村与下逢路相连；向西公路经郭沟山村在凤凰台村东与五孙路相连。

自然环境

地质水文　井塘村东南有纱帽山，南有玲珑山，西北有走水顶山，村域处于从山丘到平原过渡带，冲沟发育。地层下部为灰岩，上部为坡积、冲洪积松散堆积物，以黏性土为主，夹岩、碎石等分布极不均匀，成分变化较大。

地表水为季节性河流，丰水年份有泉水出露，小河中偶有水流，其他时期无水。地下水为断层岩溶裂隙水，偶见上层潜水。

气候　井塘村海拔相对较高，气候特点是冬冷夏热，四季分明；春季风多雨少；夏季炎热多雨，温度高、湿度大；秋季天高气爽，晚秋多干旱；冬季干冷，寒风频吹。年均降水量 700 毫米左右。

物候　1 月，迎春、杏梅等木本花卉开放。2 月下旬，烟苗下畦。3 月上旬，荠菜萌发，冬小麦返青；中旬，柳树发芽；下旬，蚂蚁出穴，毛白杨开花，杏树现蕾。4 月上旬，青蛙始鸣，燕子归来，杏树开花，小麦拔节，野草返青；中旬，冬眠动物出蛰，桃树开花，桑、槐等树发芽，茵陈收获；下旬，燕子、青蛙产卵，春蚕孵化，苹果树开花，春播作物下种，黄烟移栽。5 月上旬，黄鹂、杜鹃、伯劳等候鸟飞回，蝎子交尾，冬小麦抽穗，枣树发芽，梧桐、刺槐、牡丹、芍药等开花；中旬，鱼类、麻雀产卵，金龟子交尾，冬小麦扬花，樱桃、草莓成熟；下旬，春蚕成茧，桑葚成熟，夏玉米播种，石榴树开花。6 月上旬，冬小麦、大蒜、杏成熟；中旬，蝉类始鸣，马铃薯成熟；下旬，燕子孵卵。7 月上旬，李子成熟，荷花始开；下旬，蝉始鸣，扁豆、葫芦等开花坐果，黄烟渐入烘烤期，桃子成熟。8 月上旬，老蝉疲而落地，俗称“不秋不落”；核桃成熟，

井塘春色（2018 年）　　游客接待中心　提供

春玉米收获。9 月上旬，黄鹂、杜鹃等候鸟南飞，蟋蟀始鸣，萤火虫飞舞，高粱、谷子、梨成熟；中旬，鸟类停止产卵，花生、大豆、夏玉米成熟；下旬，燕子南迁，板栗、大枣、芝麻成熟。10 月上旬，柿子成熟，枣叶变黄；中旬，地瓜、芋头成熟，刺槐叶变黄；下旬，树叶飘落，野草发黄，大雁南飞过境，鸡换羽，蛙潜藏。11 月上旬，萝卜、大葱等晚秋蔬菜成熟，冬眠动物渐入蛰；中旬，树叶落光，草木凋零；下旬，大白菜成熟。12 月，越冬作物停止生长。

自然资源

土地资源　2018 年，全村有耕地 1405 亩，山地 4000 余亩。村东沟、西沟、东台、西台系二性红黏土，土层深厚，保肥保水。

植物资源 井塘村境内野生树种主要有黄荆、山葡萄、梓椤、山榆、山楝、连翘、绣线菊、酸枣等。野生草本、藤本植物有苦菜、大蓟、小蓟（青青菜）、荠菜、苋菜、藜（灰菜）、马齿苋、地肤（扫帚菜）、蓬、蒲公英、茵陈蒿、黄蒿、车前、苍耳、蒺藜、益母草、艾、薄荷、紫苏、牵牛（黑丑、白丑）、莎草、远志、丹参、柴胡、马兜铃、玉竹、葛、威灵仙、地榆、狼毒、毛茛、苍术、漏卢、茜草、防风、南沙参、白头翁、前胡、刘寄奴、王不留行、反背草、徐长卿、蛤蟆草、豨莶草、仙鹤草（龙牙草）、凤眼草、半夏、天南星、黄芩、野菊花、金钱草、地锦草、地丁、紫草、苦瓜蒌、苜蓿、蟋蟀草、莠（狗尾草）、戾草（狼尾草）、旋花（打碗花）、旋覆花、茅草、野绿豆、野茼麻、芨芨草、芦苇、荻、蒲等。有四叶参、龙胆草、紫草、黄精、玉竹、独活等国内稀有野生药材，青半夏、青防风、丹参、远志、柴胡等道地药材。

动物资源 井塘村域内有野生动物30多种。有狼、狐狸、獾、果子狸、草兔、刺猬、松鼠、仓鼠、蛇、黄鼬、喜鹊、灰喜鹊、环颈雉、金腰燕、原鸽、山斑鸠、红隼、戴胜、大杜鹃、纵纹腹小鸮、红角鸮、领角鸮、雕鸮、黑枕黄鹂、画眉鸟、家燕、鹌鹑、黑卷尾、大山雀、白头鹎、山麻雀、凤头百灵、乌鸫、大斑啄木鸟、灰头绿啄木鸟、金翅雀等，其中国家二级保护动物有狼、狐狸、果子狸、草兔、红隼、纵纹腹小鸮、红角鸮、领角鸮、雕鸮9种。

矿物资源 有石灰石、红丝石、玲珑石、鱼子石等，尤以石灰石储量最丰富。

自然灾害

地震 清康熙七年（1668），青州一带地震。据旧志记载：“康熙七年六月十七日夜，地震异常，房舍半倾，压死无算。后数月时动，人皆露处，无敢寝于室者。”

蝗灾 清光绪三十二年（1906），蝗灾，谷物、树叶被吃光，造成歉年。1943年，蝗灾，造成歉年。

旱灾 1982—1983年，大旱，小麦绝产。1988年，麦后至秋无雨，夏玉米枯死，秋粮颗粒无收。2009年，自立春至闰五月无雨，至秋，雨水稀少，农作物严重减产。2013—2015年，连续干旱，农作物歉收，很多果树旱死。

水灾 清光绪三十四年（1908）农历七月二十三日，大雨，山洪冲毁村东兴龙桥、仪凤桥南大堰墙，村西沟一道大堰墙及粮田被毁。两道堰墙水毁遗迹尚存。1960年，大暴雨，村三八水库土坝被冲毁。2018年8月，受台风“温比亚”影响，井塘村16小时降雨量320多毫米，山体滑坡，景区售票房坍塌，一名工作人员受伤。小水库背水坡被冲垮，多条生产路、多块山坡地和大量果树被毁，多户村民住房有不同程度损坏，造成直接经济损失 100 多万元。

风灾　1977 年 6 月，井塘村遭大风袭击，北山头羊角沟两株三人合抱的核桃树被拦腰刮断，干沟坡一株大柿子树被刮断，村中多株梧桐树、榆树及古井南侧一株四人合抱古柳树被刮断。2018 年 7 月，大风将古村中一株树龄近千年的朴树吹倒，根断树亡。

冻灾　2007 年农历三月初二降雪 5 厘米，冻坏山楂、杏、桃、核桃花芽，当年果品基本无收获。

◉ 人口民族

人口总量　解放初期，全村人口大约 500 人。1979 年，全村有 1403 人。1983 年，全村有 1433 人。1992 年年底，全村有 446 户、1561 人；郭沟山自然村有 18 户、72 人。2010 年，第六次全国人口普查，全村有 503 户、1603 人。2017 年年底，全村总人口 1695 人。2018 年 12 月，全村总人口 1708 人。

源流迁徙　相传北魏时期，井塘村域即有人居住，后渐徙绝。明景泰七年（1456），吴姓四世祖吴三自西吴家井迁此复村，择地势较平坦的北部而居；后孙姓六世祖孙彪自临朐县天井村移入，居村偏南部；明嘉靖年间（1522—1566），张姓十一世祖张弘自临朐县张家庄迁至井塘村居住，十八世张廷奎于清道光二十四年（1844）迁往郭沟山居住。清中期，吴嘉基、吴建基、吴水龙等分别迁至王坟、乖场、刘井、吴桑、马氏等村庄定居，孙姓有两人迁至寇家河定居，张姓有一支迁至董旺庄定居。清末民国初，白、贾、李、陈、赵、夏等姓先祖逃荒至井塘村定居，但都未延续后人。

2018 年井塘村 80 周岁及以上老人情况表

表 1

姓名	性别	出生日期	年龄（岁）
王振兰	女	1926-01-12	92
东修英	女	1926-01-14	92
赵万英	女	1926-02-12	92
张云美	女	1927-07-09	91
吴广森	男	1928-02-07	90
吴永华	男	1928-12-26	90

续表 1

姓名	性别	出生日期	年龄（岁）
阎贵兰	女	1929-01-22	89
李桂芝	女	1930-02-04	88
吴秀花	女	1930-02-16	88
张子英	女	1931-01-20	87
孙好香	女	1931-05-16	87
吴广银	女	1931-12-20	87
卜宪花	女	1932-12-01	86
吴美昌	女	1933-02-12	85
吴广正	女	1933-08-13	85
吴国昌	男	1933-10-08	85
吴兆文	男	1934-05-13	84
王志美	女	1934-07-02	84
李春英	女	1935-02-10	83
吴兆庆	男	1935-03-02	83
曹桂香	女	1935-03-05	83
张子芬	女	1935-08-24	83
孙孝美	女	1935-09-15	83
张世禄	男	1935-11-16	83
孙全栋	男	1936-03-06	82
吴永法	男	1936-05-09	82
吴广孝	男	1936-05-29	82
吴坤昌	男	1936-08-21	82
吴广爱	男	1936-08-26	82
吴广云	女	1936-09-14	82
王良花	女	1936-12-06	82
吴兆智	男	1936-12-15	82
吴广道	男	1936-12-22	82
吴兆荣	男	1937-01-15	81
吴永宁	男	1937-03-20	81
吴文昌	男	1937-06-24	81
吴崇兴	男	1937-10-12	81
张清美	女	1937-12-28	81
张义秀	女	1938-02-24	80
魏长英	女	1938-03-23	80

幸福晚年（2015 年） 张丽娟 摄

续表 1

姓名	性别	出生日期	年龄（岁）
孙全宝	男	1938-04-07	80
张兴金	女	1938-04-17	80
张国云	女	1938-06-17	80
孙全成	男	1938-09-27	80
王桂兰	女	1938-10-13	80
吴兆信	男	1938-10-19	80

民族结构 井塘村居民原均系汉族，改革开放以后，该村青年与外地通婚者增多，先后有傣族、佤族等少数民族女性嫁到井塘安家落户，民族成分渐趋多元。

姓氏组成

吴氏家族 明初，吴氏家族从河北冀州府枣强马安场迁入青州吴家井，繁衍至第四世，有吴厥、吴惟、吴三兄弟三人。吴三于明景泰年间（1450—1456）自吴家井迁入井塘村。

1916 年，吴氏谱碑立“西台”吴氏支系坟茔。该碑记述吴氏廷来一支自十二世至

吴氏祖训（2018 年） 孙好平 摄

十八世的世系，现立于村西果园中，全碑约一半露出地面。碑载井塘村吴氏九世祖为吴宗韶，宗韶生二子：三阙、三英。三阙生一子名家。碑文残缺，后有“一子讳廷来，始葬于西台”字样。廷来即十二世祖。

吴氏宗谱最早由十六世祖增广生员吴经帮纂修，全文书写在约 3 平方米的白布上，从此布谱成为吴家修谱的传统形式。吴氏分别于 1950 年和 1980 年纂修支谱。支谱为后世子孙续定字辈，从二十三世起，依次为：平、庆、安、国、章、家、仲、树、东、升、敬、贤、良。

吴氏 9 个支系，其中 7 支修有族谱，族谱存放在各支中威望较高或修谱时出过力的人家，分别由吴稳兴、吴永顺、吴银昌、吴兆信、吴华兴、吴延孝、吴道昌保存。前三者保存的支谱为 20 世纪 80 年代续修，后四者保存的支谱为 20 世纪 50 年代所修。

吴氏家族选择老村中地势较平坦的北部居住，世代多以务农为生，传承至 2018 年已有二十六世，9 个支系，约 1100 人，占全村人口的 64%。

附 1:《吴氏支谱》序

树有根而枝繁叶茂，水有源而源远流长，人为报本思孝，当念祖先创业之艰辛，常怀列宗教诲之心切，以启后世之孝道。自明初定鼎，奉王命拔迁，吴姓自河北省冀州府枣强县马安场迁后溜吴家井定居，繁衍三世。因时势两迫，兄弟三人厥、惟、三仓促话别，长吴厥迁于高柳吴家庄，次吴惟迁安丘红河，三吴三于明景泰七年迁玲珑山下井塘村，伐木作檩，覆草为庐而居焉。访诸遗老，常说上有三世失考矣，因而赘述。继继绳绳，瓜瓞绵绵，昭昭穆穆，繁衍至今已有二十六世矣，因而宗支分也。后之继者其以此为鉴，则吾所深冀也夫，是为序矣。

孙氏家族　井塘孙氏于明初自山西省迁居临朐县天井庄，六世祖孙彪从天井庄迁入井塘村定居。1930 年，原有《孙氏族谱》

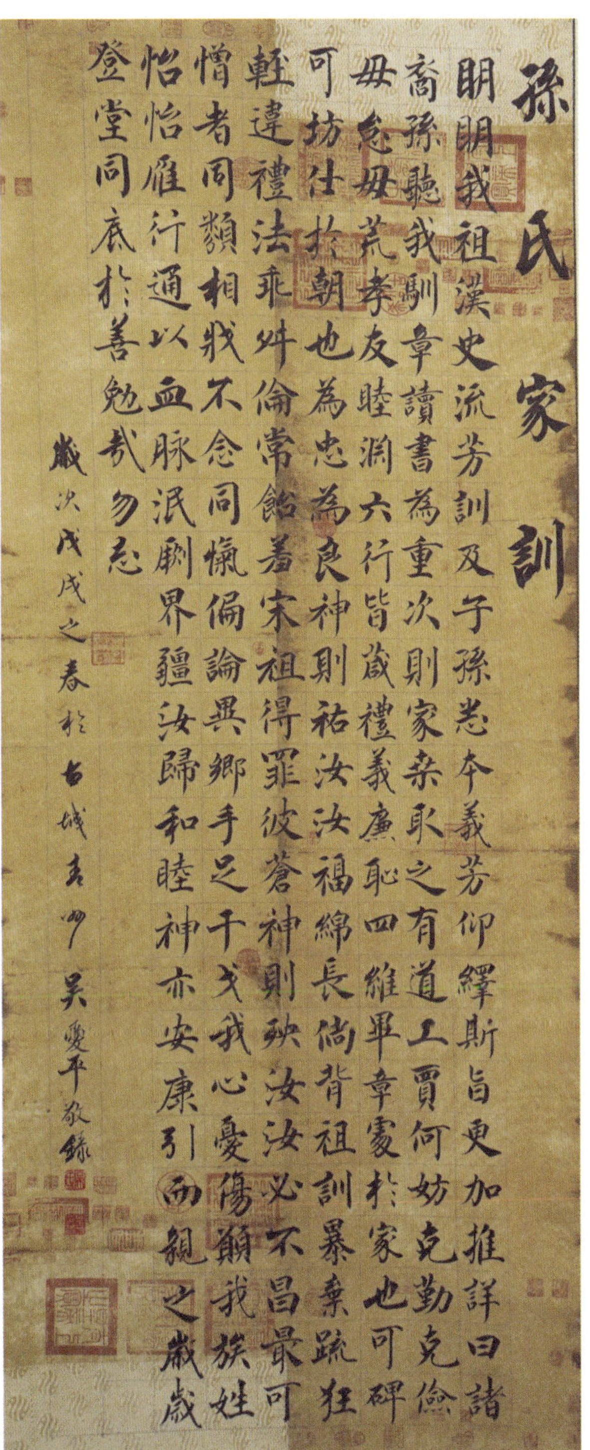

孫氏家訓

明明我祖漢史流芳訓及子孫忠孝義芳仰繹斯旨更加推詳曰諸裔孫聽我馴章讀書為重次則農桑取之有道工賈何妨克勤克儉毋怠毋荒孝友睦淵六行皆箴禮義廉恥四維畢章處於家也可碑可坊仕於朝也為忠為良神則祐汝汝福綿長倘背祖訓暴棄疏狂輕違禮法乖舛倫常貽羞宗祖得罪彼蒼神則殃汝汝必不昌最可憎者同類相戕不念同愾偏論異鄉手足干戈我心憂傷願我族姓怡怡雁行通以血脈泯厥界疆汝歸和睦神亦安康引而親之歲歲登堂同底於善勉哉勿忘

歲次戊戌之春於古城東吳愛平敬錄

孙氏家训（2018 年）　　孙好平　摄

在土匪劫掠井塘时被焚毁，新谱续修于20世纪80年代，由族人孙好忠撰写，谱序为孙氏祖茔谱碑序稍作改动。从二十一世起，续定新字辈为：世、杰、英、魁、永、治、国、安、邦、强。

孙氏谱碑两座并立于村南祖茔，上有碑帽覆遮。其一立于清道光十一年（1831）；其二立于清光绪十一年（1885），碑文记述六世至十八世的谱系，并对自井塘村迁居外村的孙氏子孙予以详细记录，但对九世之后叙述不详。

孙氏族人主要居于井塘老村南部，世代多以务农为生，传承至2018年，已有二十三世，约370人，占全村人口的22%。

附2：孙氏谱碑碑文

道光十一年季春“孙氏祖茔”谱序

盖闻木本水源，世所固有，而禴祠烝尝，人所不替。孙氏始祖，讳彪，自天井庄以移此处，今已历十一世。恐后世之瓜瓞而不清，于是立石记名，以垂后世，且松柏之植四十二株，即日久年湮，亦不许评价而沽，是为记。

大清光绪十一年“本支百世”谱序

始祖讳彪，自朐邑天井庄徙居益都井塘，迄今一十三世。至第九世祖，讳宽等，前谱已叙昭明，九世而后，未及备载，今复勒石，悉镌于上，且自井塘而移他处者，一一详著，斯为记，以垂后昆云。

张氏家族　张氏始祖张荣于元朝自杭州府钱塘县移居临朐县张家庄（今青州市王坟镇涝洼村）。十一世张弘于明嘉靖年间（1522—1566）迁居井塘村。十六世张志功葬于玲珑山西侧，十八世张廷魁定居郭沟山村。

1931年，张氏谱碑立于玲珑山下张姓祖茔，谱系始于十一世，碑文记载辈分排字和茔地四至。

张氏家族存有祖传谱牒，并于2004年续修新谱。新谱规定后世字辈，从二十二世起依次为：世传成训，汝景宗德；正心修身，恒兴万春。

张氏家族居于郭沟山自然村，世代多以务农为生，至2018年，已有二十五世，约

張氏祖訓

篤忠敬言急公守法完粮息訟營生業言士農工商各執其業慎喪祭言慎終追遠宜盡誠敬慎婚姻言娶媳嫁女咸宜配擇嚴內外言治內治外不可易位敦孝悌言事事親敬敦宗睦族篤教學言養不廢教作養人才厚風俗言吉凶慶恤孤寡有禮敦和睦言捍忠禦災協力同心嚴雜禁言姦盜賭博占欺謀吞

歲次戊戌之夏於古城青州玲瓏山下井塘古村 吴愛平敬錄

张氏祖训（2018 年） 孙好平 摄

150 人，占全村人口的 9%。

附 3：张氏谱碑序

盖闻奉先思孝，人生之所为贵，报本反始，立世更宜为先。益邑张公者，自明嘉靖季年迁于井塘庄，即迁祖弘公也，今越四百余年矣。按谱稽考，竟知始祖肇于元代，即荣公，字华斋也。原籍杭州府钱塘县人，后入临朐，籍住张家庄，历年虽无显宦乡贤伟行者，在上可考若弘公住此，生三子，后茔于北峰山下，瓜瓞绵延，支派分别，于斯谓盛。至十六世祖，讳志功，移于北峰西山窆焉，既孙廷魁，复迁郭沟山而居焉。其间或播迁，或仍旧，张公族可谓番矣。及廷魁孙华东，年近八旬，见茔记孑无，是以为憾，所谓奉先思孝，报本反始者，今安在哉。第恐世远年湮，考稽无人，大族签议，勒诸贞珉，俾昭于前垂于后，以示不朽云尔。（谱文记名略）中华民国二十年岁次辛未四月上浣穀旦。

◉ 村域经济

2012 年前，井塘村村民经济收入主要来源于农业种植及果品加工销售。2012 年后，古村旅游开发带动餐饮等服务业发展，村集体经济收入和村民个人收入逐渐增加，果品加工和旅游服务成为井塘村域经济发展的两大支柱。

种植业 全村 1405 亩耕地分散在山坡、山顶、沟旁、谷底。由于地形复杂，地块零碎，大块土地很少，人均只有 8 分地。村域两条季节性河流不具备灌溉条件，自然水源奇缺，靠天吃饭是农业生产的基本状况。二十世纪八九十年代，农业以种植小麦、玉米、番薯等作物为主，兼及果品和黄烟种植。1982 年，开始实行家庭联产承包责任制，村民获得经营自主权，生产积极性提高，果品生产逐渐成为经济收入主要来源。

1958 年，村成立林业股，主要任务是组织封山造林、畦树苗、嫁接果树、栽植核桃树。至 2018 年，全村有树龄 60 年以上的核桃树 100 余株。20 世纪 70 年代，村成立林业专业队伍，育苗造林，大面积绿化荒山。根据山顶、山腰、沟坡土质情况，选栽树种。山顶易旱，栽种柏树等绿化树种；山腰土层厚，土质好，栽植柿子、蜜桃、山楂、杏、李子、核桃等经济树种；沟头崖边荒坡栽棉槐，用于条编和绿肥。林业队还利用山坡上的野生酸枣嫁接圆铃枣、长红枣、小枣等各种枣树，当年嫁接当年坐果，当年有收益。到 1986 年，全村 3600 亩荒山全部绿化。

井塘村土地条件适宜发展山楂、蜜桃、柿子、核桃等果品生产。新中国成立前，多为各农户分散栽植。1958 年人民公社化后，果树归生产队集体所有，全村分为 10 个生产小队，每个生产小队约收鲜山楂 2000 ~ 2500 千克。五六十年代，许多山楂树被伐，山楂收入减少。1972 年，开始治山整地，垒梯田，大面积栽山楂树。1982 年实行家庭联产承包责任制，井塘村开始大力发展蜜桃、柿子生产。至 2018 年，全村以蜜桃、山楂、柿子为主的果树种植面积达 1500 亩。

荒山绿化（2018 年） 李宁 摄

井塘山楂切片晾晒（2015 年）　　任玉蕊　摄

果品加工业　改革开放后，村农产品加工项目逐年增多。农闲时节加工山楂片成为大多数村民主要收入来源。2004 年，村民吴广吉到外地考察学习山楂加工技术，带动全村用钢丝网筛子晾晒山楂片，山楂片成色好、收购价格高。从寒露至次年清明，家家户户多忙于加工晾晒山楂片。2018 年，全村年消化本村及从外地购进鲜山楂 1 万吨，加工优质山楂片 2500 吨，加工增值收入 1800 万元以上，井塘村民人均增加收入 1 万元以上。山楂片畅销全国各地，井塘村成为全国有名的山楂片加工基地。

青州柿饼，也叫青州柿干。20 世纪 80 年代前，全村年产优质柿饼 2 万千克左右，由生产队集体加工，出售给供销社，统一外销，出口创汇。1982 年，原集体柿子树分归各家各户所有，柿饼加工收入可观，农户自发新植一批柿子树，柿子产量大增。1993 年，全村消化鲜柿 40 万千克，加工柿饼 10 万千克，加工增值收入 40 万元。

1982 年以前，村民生产加工的果品多由益都县果品公司收购。20 世纪 80 年代起，村民吴广吉开始收购干鲜果品，并在天津设销售网点，主要经营山楂片、核桃、柿饼、杏干等，也为食品厂代理销售产品。受其影响，该村果品经销户逐年增多，至 2018 年，全村有果品经销户 40 多家，将井塘及周边地区干鲜果品销往全国各地，井塘形成果品生产、加工、销售完整产业链。

柿饼加工（2018 年） 游客接待中心 提供

旅游服务业 2012 年 10 月 1 日，井塘古村景区正式对外开放。至 2018 年年底，共接待游客 135 万人次，门票收入 1250 万元，旅游总收入 9500 万元，带动直接就业人员 200 多人，旅游从业人员 700 多人，旅游服务业成为村民增加收入的新亮点。井塘村先后被评为山东省历史文化名村、2015 山东最美旅游风情小镇、山东省乡村记忆工程文化遗产单位、中国美丽乡村百佳范例、中国乡村旅游模范村、中国传统村落等。

2016 年，井塘村获评“中国美丽乡村百佳范例”
孙全道 摄

2015 年，井塘村被评为 2015 山东最美旅游风情小镇
孙全道 摄

古村遗韵

北魏永平年间（508—512），郑道昭先后任光州、青州刺史，平东将军，工余喜游山水，好为诗赋，尤工书法，引领魏碑体书风，留存题刻40余处，青州“白云堂题名”“北峰山题名”“白驹谷题名”3处均在井塘玲珑山。明景泰年间（1450—1456），井塘立村，为石砌民居、祠庙、炮楼、戏台、桥梁、街巷等全石建筑村落，历经明、清、民国到20世纪70年代，一直是井塘村人繁衍生息之地。随新村规划建设，大部分村民逐渐迁往古村西部新居，遗留下一个保存较完好的明代建筑风格古村落，成为乡村振兴不可多得的文化旅游资源。

◉ 选址布局

村落选址 井塘村先人立村，追求人与自然和谐相融，首选背山面水的“吉地”。背山既可以接受阳光、阻挡寒风，又可以生气、纳气、藏气；面水可为村落环境孕育生机与活力。古村落坐西朝东，群山环抱，南部玲珑山、北部走水顶山可视为靠山，态势犹如二龙戏珠；中部圆润的龙珠顶与村落入口的古井基本处于一条东西轴线上；村落东南部纱帽山郁郁葱葱如一面屏风，可视作朝山；村落东面古井和溪流既给村民提供生活及生产用水，又是井塘古村落得水之地。

村落布局 井塘村落沿山势灵活布局，古民居参差错落，交通网络沿山体等高线分布，形成既复杂又紧凑的道路系统。“山高石头多，出门就爬坡”，光滑石板路是井塘古村特色，沿山势蜿蜒起伏、纵横交错。古村南北向道路有前崖路、青石街、北山头路、南鞍路、石板路，以青石街为主路。东西方向道路有石楼路、下院路、狗屎巷，三条道路只能行人，不能通车。石楼路、下院路通向仪凤桥和兴龙桥。井塘古村街巷系统几乎呈“8”字形，具有防御功能。以 72 口瓦屋为核心的仪宾府留存一座四合院，是当年管家的住房。古村张家大院、吴家大院、孙家大院等风格独特的古民居建筑有 120 余处，建筑面积 2 万多平方米。还有关圣祠、土地庙、龙王庙、仙家庙等。关圣祠位于古井西侧，是古村的核心公共区域，是村民集会、活动的场所。

井塘古村落一角（2018 年） 李伟民 提供

山东省“乡村记忆”工程文化遗产单位
井塘村
山东省“乡村记忆”工程办公室
二〇一五年五月公布

2015 年 5 月，井塘村被公布为山东省“乡村记忆”工程文化遗产单位 孙全道 摄

◉ 古民居

据明代吴氏族谱记载，吴氏四世祖吴三于明景泰七年（1456）从后溜吴家井迁居此处时便有旧屋基，证明吴氏之前此处曾有人居住。吴姓在村北较平坦地方建房。大约 50 年后，孙姓六世祖孙彪自临朐天井村迁居，在村南边山岭处依山建院，随地势布局，高低不平，转弯抹角，上坡下崖，有的街道在山石上凿出台阶方能行走。古院落大小不一，据山势坡陡和垒堰墙长短而定，地势缓、堰墙垒得长，院落就大一些；地势陡、堰墙垒得短，院落就小一些。村民在垒好填平的地面上，根据地面大小建主房和配房、栏圈、大门、厨房等。有的院落呈三角形，有的呈正方形，有的呈长条形。一处院落往往有两三家居住。井塘古村民居，一般是传统老石屋农家小院，有正房三间或五间，前面是院子，由院墙围成，大门多为阔口门，院落布局通常是“东南大门西南圈”或“西南大门东南圈”，在正房两侧盖耳房作为厨房、仓室。以张家大院、孙家大院、吴家大院为主的四合院是井塘石砌房古民居的典型代表，经重新修复，布展井塘民俗，作为旅游景点供游人参观。

张家大院　张家大院大门口全用青石加工成料，人工打凿，标准精细，是井塘古村最精细的石料门口，由李家大峪刘姓石匠修盖。该院落为标准四合院，按门宫尺的吉星

张家大院（2018 年）

李宁　摄　　孙家大院（2018 年）

修建，东南开大门，北屋为主房，构筑精致，屋前脸全用青石打凿，砖镶门窗，山把子有挑翅，迎风探头，东边镶“福”字，西边嵌“寿”字。北屋两头有耳房，耳房比北屋主房矮且浅。东屋比北屋矮，但所用石料加工得比较细。南屋比东屋矮，西屋比南屋矮，西屋南头是栏圈。布局是东南门，西南栏，大门外是场园。四合院的墙全为石头砌筑，非常齐整。张家场园北边土崖头上曾有两株粗壮的古槐，院西古碾北侧有一株高大的古槐，枝叶遮着张家大院。

孙家大院 孙家大院是清朝前期的一座古宅院，也是一座标准的四合院。清光绪十六年（1890），孙家兄弟二人分家，长子孙福清分得下边院小楼下的下层作为下边院的西屋，上层为上边院的东屋；次子孙禄清分得上边院。分家文书仍存。四合院大门为青砖镶就的大门把子（当时用砖需到 15 千米外的青州城东去挑，经过十三道清水河，来回近 35 千米路程），精工打凿的大门座，门枕石雕刻图案，大门里边是台阶，东侧有一株古槐。北屋为主房，两边有耳房。东屋为两层全石垒就的小楼，是一主两院。东屋比北屋矮，南屋比东屋矮，西屋比南屋矮且浅。西南角是栏圈，东屋前有一个长方形大石槽，天井中间为青石铺就的十字路。

吴家大院 吴家大院原是清代吴俊杰的宅院，有南院、北院、西院（西院又分前后两院）。至吴凌霄时，有 6 个儿子，长子吴光斗在井塘开有“红延永”钱庄，自己印钞

李宁 摄

吴家大院（2018 年）

李宁 摄

票在市上流通；四子吴光文在东刘家井村开酒馆；长孙吴德兴精通兽医。家族最兴旺时，40 多人一个锅吃饭。1958 年，吴家大院曾做井塘村上连的集体食堂。院中有株 3 人合抱古槐，树冠覆盖全院。1975 年，古槐树被卖给井塘村木业组作木材。

仪宾府 明代衡王仪宾府，原有 3 座楼、72 口瓦屋，花园、马厩、粮仓等一应俱全。前后三条街，四周有围墙，大门口挡风板、垂珠雕刻精美，过门石、南院墙至今仍存。仪宾府保留下的宅院是管家住的地方，房屋建造四梁八柱，离檐橛子、离檐板子、窗台以上全是青砖。离檐板下门窗雕刻有精美图案，前墙、后墙有挑翅。前墙全用青砖，垒得非常整齐；后墙有密棂的檐窗。原先为小黑瓦，后换成了红瓦。原有一口出厦青砖墙的小黑瓦屋，土改时给村民居住。1989 年，因翻建新房，原来瓦屋被拆除。明代遗物有：石狮子两个，一个保存完整，一个被毁成两块；仪宾府影壁墙石刻“福”字；一个

仪宾府管家院大门（2017 年）
李伟民 摄

仪宾府南院墙（2017 年）
李伟民 摄

古民居石刻装饰图（2018 年）
游客接待中心 提供

石鼓、一墩雕工精美的门枕石及仪宾府后花园花窖长条石拱顶，保存完好。

井塘村民居建筑的装饰丰富多彩，保存最多的是院落门枕石。雕饰多以动物和花草为主题，寓意富贵平安、吉祥如意。

古井　古桥　古道

古井　古井在古村东侧沟谷中。修复关圣祠时，在院中挖出一方清乾隆十八年（1753）创建龙神庙的石碑，碑文有“青郡城西南二十里许井塘庄，左侧有井，测其深，不过丈余，窥之□然而清洁。虽时遇亢旱，而水源独茂”的记载。古井深不过丈余，实际为泉塘状态。古井周围原有5个石槽，供村民洗衣、饮牛羊用。今古井实际深20米，为村民集资出工，将塘加深直至泉眼，再甃石为井。井口石被井绳磨得沟痕累累，已换至第三块。青州城里常有好茶者驾车到此取水烹茗，品味古井新韵。

古桥　井塘古村东小河上原有两座明代石拱桥，南边的称“仪凤桥”，北边的称“兴龙桥”。二桥皆全石起拱，石铺桥面，两侧石栏板相护，四棱形石柱间隔。原有的两块建桥碑记载着当时建桥事宜。“兴龙桥”“仪凤桥”名称本取龙凤呈祥之意。仪凤桥俗称大桥，已开发为古村景区著名景点之一，也是通往古村景区的必经之路。兴龙桥

井塘古井（2018年）　　游客接待中心　提供

早年被洪水冲毁，村人用两块大石板架在原址上，做临时性道路，俗名小桥，再也没有恢复原样。当年记载修桥的两块石碑，20世纪70年代从关圣祠前移到古井下小池塘上做垫脚石，兴龙桥的“兴”还有半边未被磨平，其他文字均因取水而磨掉。

王府古道

井塘古村原有两条古道通往青州衡王府。其一从衡王府经火石山、朱家庄、王家庄、张家峪、南闫家峪直至井塘仪宾府，为石铺官道，宽约两米，长15千米，供马车行走，并在沿道各村庄头植国槐，以备郡主省亲歇脚纳凉之需。遗

仪凤桥（2012年）

石磊　摄

火石山西古道（2011 年） 孟宪涛 摄

井塘村内古道（2018 年） 孟宪涛 摄

存石板路面隐约断续，车痕累累，光滑可鉴。其二从衡王府出青州城西门，经西门口南阳河到堡子集岭，过郄圈，经闸口、邓家河、白店、东刘井、下院等村至井塘仪宾府，中间要过十三道河。

井塘古道 村中石铺古道有多条。东西向道路沿山坡纵向铺设，基本是陡路，从兴龙桥通仪宾府石铺古道俗称“下院路”，宽约 2 米，均用大型石板铺设，每隔三五米深埋一行横向扎石固定石板，以防拱起。从仪凤桥通往吴家大院、孙家大院、张家大院的石铺古道俗称“石楼路”，为先人集资铺设，有石铺台阶，也有山体岩石凿成台阶，是村民到古井取水的必经之路，也叫“打水道子”。南北向道路沿山坡等高线水平分布，基本为平路，有前崖路、崖头路、鞍子路、北山路 4 条。原仪宾府周围有前、中、后三条街，均为石板铺就，保留至今。

◉ 古建筑

祠堂庙宇

关圣祠 始建于明万历年间（1573—1620），全石拱楦顶，石窗棂子，内塑关圣帝君像、关平托印像、周仓执刀像，原塑像在 20 世纪 50 年代初期被毁，绿色琉璃瓦被揭。20 世纪 60 年代，关圣祠曾作为村民住房。大队成立副业组，以此做仓库，后闲置。祠前曾有 2 株 20 余米高、两人合抱的古柏，系明万历年间栽植，1975 年被伐。1999 年夏，

闫兆花、孙全道倡议捐资修复该祠，覆上红瓦。2000 年，祠堂四壁绘壁画。井塘关圣祠建成至今，香火不断。古村旅游开发，为关圣帝重塑金身，屋顶覆盖古建式小黑瓦，每逢农历二月二十四、五月十三、六月二十四，井塘和周边村的村民到此祭祀关公。2014 年 8 月，山东省人民政府公布关圣祠为省级文物保护单位。

无生祠 始建于清代，位于关圣祠前东侧，单独成院，木石结构，顶覆小黑瓦，门额为长方石阳刻“无生祠”。祠中间塑无生老母像，两边塑春季观音老母像、夏季清凉老母像、秋季文殊老母像、冬季普贤老母像。每年立春、立夏、立秋、立冬和冬至举行祭祀活动。

龙王庙 始建于清乾隆十八年（1753），位于关圣祠东侧，为全石建筑，东山、西山、后墙、前墙各有一整块石板，中间凿一洞门。门洞上圆下方，高 50 厘米，内塑龙王爷像，塑像总高 2 米。门洞前上方一石板厦，顶用一块大石板雕刻而成。每年二月初二，有村民前往祭祀。大旱之年，周边村民多自发前往祈雨。

关圣祠（2018 年）　　李宁　摄

土地庙　始建于明代，毁于“文化大革命”时期。2012 年，古村旅游开发，在原址重建，塑有土地神像。

戏台、戏楼　井塘子弟戏班历史悠久，明末清初即闻名乡里。开始戏台不固定，后来戏迷们自发在古井东侧用石头垒成戏台。戏台坐南朝北，分前台、后台。“文化大革命”初期，戏台与戏装道具尽毁。1978 年后，村中戏迷们自发集资购买古戏装道具，在古井西侧、关圣祠东南角，堆石垒戏台，墙上用四块长石凿孔，垒在墙里，凿孔挑出墙外，用来竖戏台柱子。每逢过年，演员为群众免费演出。古村旅游开发，在戏台原址搭建木戏楼。

围墙、岗楼　井塘古围墙分两处。一处在仪宾府四周，用石块垒建而成，明代修

古戏台（2018 年）　　游客接待中心　提供

古围墙（2018 年）　　游客接待中心　提供

建。一处是清末民国初，村民为抵御匪患，举全村之力沿村四周用石头建成围墙，并修建了包括南北门楼在内的 13 座岗楼。古围墙分内外两层，墙底供人行走；外墙高，做掩护，周长 1500 米。

◉ 题刻　碑刻

北魏郑道昭题刻　郑道昭玲珑山题刻 3 处。第一处“白云堂题名”刻在山前通天洞洞口右侧石壁上，全文“荥阳郑道昭白云堂中解易老也”；第二处“北峰山题名”，刻在山顶祠宇东北门侧，全文“荥阳郑道昭解衣冠处”，碑石无存，仅有上半部拓片存世；第三处“白驹谷题名”，刻在山阴白驹谷西侧石壁上，为郑道昭玲珑山摩崖题刻中最有代表性的一处，全文“中岳先生荥阳郑道昭游槃之山谷也”“此白驹谷”，共 19 个字，字径约 30 厘米，刻面高 180 厘米、宽 165 厘米，于 1986 年建铁栅门保护。

白驹谷郑道昭摩崖题刻（2018 年）
刘洪昌　提供

2013 年 10 月，玲珑山白驹谷题名被公布为山东省级文物保护单位

李宁　摄

2013 年 10 月，“玲珑山白驹谷题名”（含白云堂题名和瑶池）被山东省人民政府公布为山东省级文物保护单位。

关圣祠碑刻

2018 年，圣关祠存古碑 3 座。

创建龙神庙记碑　立于清乾隆十八年（1753），记述龙神庙修建过程。碑石灰石质，高 78 厘米，宽 42.5 厘米，厚 11.5 厘米。正文楷书，字径 1 ～ 2 厘米。碑体完整，文字漫漶。

碑文：青郡城西南二十里许井塘庄，左侧有井，测其深，不过丈余。窥之，□然而清洁。虽时遇亢旱，而□源独茂。里人□□立龙神，心应普□。龙神□预□泽，普济群生，祀典所在，彰明较著，宜乎庙食百世，香火万年也。告成之日，爰纪其事，以示后云。邑人田毓龙拜撰并书丹。领袖善人：吴清伦氽一千五百文、管饭，吴世联氽二千、管饭，吴清信氽一千五百文、管饭。吴清□氽二百，孙善氽二百，张茂发氽二百、管饭三日，吴长氽二百，吴宝善氽五百，吴文氽一百，曹莘氽一百，吴籍氽二百，吴德□氽五百，吴万善氽五百，吴清仁氽□百，吴清住氽五百，吴宾氽一百，吴良树氽一百，张星氽一百，吴作善氽一百五十、管饭一日，吴为善氽一百，吴长存氽一百，吴□华氽一百，吴清□氽一百，吴清泊氽一百，吴长旺氽一百，吴飞龙氽一百、管饭一日，吴至善氽一百、管饭二日，吴志忠氽一百，吴清□氽二百，吴至春氽一百，吴□□氽一百。乾隆十八年岁次癸酉丁巳壬子建立。石匠宋克昌、邹礼。

重修龙神庙记碑　立于清乾隆二十四年（1759）。碑石灰石质，高 93.5 厘米，宽 53 厘米，厚 22 厘米。正文楷书，字径 1 ～ 2 厘米。碑侧刻“四境咸慰云霓望，八方齐昌太平歌”联句，字径 7 ～ 9 厘米。碑体完整，文字漫漶。

碑文：闻之《易》，飞龙在天，遑其飞腾之性，固所以昭大造之功，而普□雨泽之际也。思夫生民之俯仰，其托命于龙神者，固已□为之，或戴无自□□□山□有庙焉，所以致其如在乎？独是庙貌不巍，无以增神像之光，而堂陛不洁，亦以□灵爽之威。既已感激神恩，敢不复□之共相勉，以相与有成哉？总之，青郡西南□□□二十余里，在云门山之侧，列玲珑之旁，有庄焉，名曰井塘。其由来已□□之，无禁聪以直也；用之不竭，深以山也；需之孔多，清以□也。将为之探其奇、究其利，莫不惊而赞之，以为井泉之□□富也。□□□□岂不称雄于水府，炫异于两间，而水之不测耶？若非退疾变化之能，云行雨施之功，而生民之永奠也难矣。□故□天之□□整□高殿之光尤重。遂设乎牺牲之选，而备香烛之隆于无替者，真所谓神其有灵，兴古今源泉之盛。以记万世□赖云。益邑吴世忠敬题。领袖：吴清住、吴清伦、吴清任、吴清僖、孙善、吴乐善、吴挝善、吴宝善、吴德善、吴万善、吴修善、吴德盛、张茂法、吴本善、孙仪、孙美。□佃、吴至善、吴良松、吴文、吴振升、吴为善、吴存金、孙渼、吴清泉、吴长、吴□□、吴善德、吴必臣、吴遂善、吴存正、吴良树、吴必旺、吴方贞、吴飞龙、张义增、张义宣、宋梅、吴善时、吴作善、吴良玉、吴良美、张义时、吴善立、吴善堂、张义臣、吴陛、吴存志、吴清奉、吴梅、吴存粮。乾隆二十四年孟春戊辰月癸酉日立。

天地牌位碑　高 199.5 厘米，宽 156 厘米，厚 11 厘米，中部面积为 80 厘米 ×50 厘米，四周雕刻有花纹，中间刻成牌位模样，刻有“天地三界十方万灵真宰”10 个字，曾遭毁凿，有残损。

土地庙碑刻　立于清康熙十年（1671），题名中吴姓居多，间有孙姓、张姓、王姓。该碑横卧于村口原土地庙位置，被村民当作丧葬仪式中摆放祭品的供桌。右上角残缺，碑序部分无法完整解读，已不知是为何神、何事而立。

玲珑山碑刻

玲珑山残存碑刻 16 座，有的残碑已不可识读，碑文所涉人名以井塘村吴姓居多。

游北峰山记碑 立于清康熙十一年（1672），碑镶于山顶王母观音殿东墙上，碑体完整，文字漫漶。

碑文：游北峰山记

余家济宁，古□三水。盖□水自东汶水自北。至是与济水交故。□名也，且西湖周数十里，运芳时游展如□。南为神龙出没之□□阳子谓环□皆山，余谓环济皆水矣。生长水乡习□水乐，每见山而喜。来青七载，怀未惬也。适菊日，集众小饮。有衲子向余言曰：公喜山，□亦知山之有名北峰者乎？余曰：志有之，或□笔峰。峰有九形如笔，□□都人文之所由发。□□□□□□□之雨，冬之雪□□无所避□。语未卒，衲子□□□□知昔宁知余耶？□□村□□姓有讳三□号敬□□□年隐居。豪宕□探奇者也。地震后偶憩山腰石畔□隙□□。其□以视，依稀有微亮。曰：□战□隙可通□。召子至□□□□等执畚□以发之。□□□□□□□乎？山之□□四旁通体玲珑矣。余闻而讶之，□□□□□孙□□门人杨□□□□石游焉。□山真五里路，□□□□□□□□徐徐由东而进，抵山半。主人至遥指□高□□□□□□□□□曰：白驹最幽僻人罕至者，右则俗传矣。母挂纤□□□□立旁有石刻数行，□剥蚀难辨，惟“山元寺”三字犹□□□□。随所指往来奔视，喘吁□属余叹曰：大鹏尚六月□□□□□共坐□石□之。起行路渐平衍，一带黄土堞高广数□□□□□□。诸洞中者众造门相延而入，西壁题云：荥阳郑道昭白云堂中解易老也。□端雅可爱，因思此老游神像。先□□□□□□教□□□□又无士大夫之往还。俯视一切如□□□□□□□□□尘缘夫争耳。洞阔而□人趾下上，或幽□□□□□□□竹旋□仍□□一众大□勇百倍无何。穿洞□□□□第□□峰头宽平可数十武，四顾群山绕环，夕阳远映，如百□螺□□伏银□中秪，东北一隙差薄结为那城耳。得此绝景□□□□□。主人曰：山色晚而佳，游人晚而倦。□中垒块正□□□□□余□而下共就□舍酒数。童子度时曰：□□□古谓□□清越□□□□梦而起飞觞快饮□夕不寐。□兴主人□□□谢□□□未□弗□□□□茗□□而出。出始知草舍乃□□□□□构也。峰峭拔□□□□上仅可容□□一区□□胜□峰矣。□无尺寸地□□西多小洞大约□□□之□□矣。□□□□□□□□□□□余横书陵□关字□□两□□□高□□□□□□□□□然□□□被穿□之曾为关也□□而□峰回□□□□上阴悬崖□□□露□□如豆，望而知为直□□或□□□□宅也。或□即郑□藏□所，缓步问答而也。□□天□□□在□矣。主□□□池有异二十年前，一泓清泻盈盈山麓汲者植□□识之大数围矣。近忽□而上，□旧所百步有奇众共讶之。余曰：洞有通塞安知池无转移□哉。山乎恨余为尘凡中人耳。倘呼吸得通帝座请命巨□割九峰之一飞挂于吾济之近郊而□群□□□孤岭如横山之踞。太湖洞廷之遇湘□则水与山岂不相济成胜耶？妄言及此大喜□狂□□□□，记之时康熙十一年（缺字）青州府学教授（缺字）魏世明。庠生马豫、石氏书丹。石工时三俊、王可敬镌石。

山门碑记碑　立于清康熙五十年（1711），石灰石质，圭首，高 168 厘米，宽 77.5 厘米，厚 18 厘米。正文楷书，字径 2 厘米，额题“山门碑记”，楷书，单行，字径 8.5 厘米，碑体完整，文字清晰。

碑文：余闻川岳皆天地之钟灵，而秀丽明媚与奇颖轩爽之气所触，必产英伟卓越之士焉。况名胜之地，又仙佛之所属爱、鸾鹤之所驻临者乎。但人之精诚，必与神明默相感应，而幽邃乃忽自辟，翠霞乃忽自集，崇隆而耸拔，突兀而创兴者，乃焕然维新，灿然改观耳。是故，兴废有数，成毁有时，莫为之前，虽美不彰；莫为之后，虽盛不传也。青郡益邑西南有山，号曰“玲珑”，古洞奇窟，佛踪仙迹，不一而足。上有瑶池、王母与慈悲大士行宫，殿宇辉煌，制度宏阔，美哉！创始之人其肇开兹景也，功亦巨矣。然年久荒残，又遭四十三年饥馑，神人俱劫数中也。近来，年谷时熟，一方善士议欲修葺。有全真道人以清修为志，淡然寡营，欲为光复前业，重修大门，建立高阁，其费不赀。虽人有贫富，捐有多寡，要皆不吝，好施乐善，踊跃鼓舞，相与有成者也。有

山门碑记碑（2018 年）　　孙好平　摄

总理其事者，经营调度，独瘁厥心；有共襄其事者，左右赞助，克殚厥力；又有施寸金尺物并亲赴工役者，亦见其矢乃诚也。众善姓名，若不勒石记载，何以传之永远，劝勉后人欤？予时得见闻而为之序，期使善迹垂之不朽云。朐邑庠生刘景略熏沐拜撰。青郡都邑桧士卢忠斗丹书。时大清康熙五十年四月初九日建立。住持道人荣太平、刘清云，石匠刊刻李文政。总理领袖、众善题名（略）

乐安碑记碑　立于清康熙五十五年（1716），残碑。

男女会首题名碑　立于清雍正七年（1729），石灰石质，高62厘米，宽93厘米，厚18厘米。正文楷书，字径2厘米。右下角残缺，文字漫漶。共录115名男女信士姓名。

笔架修醮记碑　立于清乾隆三年（1738），石灰石质，圭首，宽75.5厘米，厚19厘米，正文楷书，字径1.5厘米。额题“笔架修醮”，楷书，单行，字径8厘米。碑下部残缺，剩余部分文字清晰。

碑文：青州，古郡也。东北海国，西南山麓。去郡城廿余里有山焉，层峦耸翠，数峰屹立，昔人所谓北峰（下残）首是也□□□也。南枕骈邑之郊，北坐益邑□境，东而云门相望，西而玄阳相拱，巍巍乎！□方之望山，非耶？夫名山佳景，其间骚客逸人、学士大夫乘兴而来，登高而乐者，盖不知日凡几万（下残）固□必历历数也。第以物华乃天宝，人杰属地灵，而名山大川实系人文之焕发□□达天地钟灵毓秀之意，实式凭焉。以故，云梦贵称而楚□多材，龟蒙夙著而鲁称望国，以及牛山□（下残）□而仕宦毕集于临淄，尼山衡卧而圣人独产于曲阜。此固明征大验彰彰古今者。此山之命名，安可漫然莫辨也哉！孰意淳古既遥，人情好新，改名曰玲珑。夫果何所取而竟相传闻（下残）予目击心伤，欲更名而无由。今幸值众会长修醮有年，欲勒石以记不朽，余因□而近察远观，仿其形而绘其象，尊号曰笔架山。将见□虎卧豹，千古之文风可整；蛟潜龙飞，百代之学（下残）复著。布告中外，咸使闻知，庶以之而笔架之名达乎□区，而礼乐先进之风□益境也。岂非巨□哉！以是为序。崔敬焯撰笔。（善士题名略）乾隆三年七月初五日吉旦立。

2010年，美籍华人潘烨到玲珑山寻找此碑，历时近两个月，从玲珑山洞门口处发现断成两块的残碑，并运到青州博物馆保存。

修醮碑记碑　立于清乾隆三十五年（1770），碑文提及“王母大殿”。

王母观音殿重修碑记碑 立于清乾隆五十三年（1788），石灰石质，残高 90 厘米，残宽 60 厘米，厚 16 厘米。正文楷书，字径 2 厘米。额题“重修碑记”楷书，单行，字径 10 厘米。碑残损严重，剩余部分文字清晰。

碑文：兹因玲珑山王母观音殿重修碑记。郡城西南离二十余里玲珑山，旧有古庙在焉。考之（下残）其地见夫勒之石，先后者著为成书，梓之木，姓名郎（下残）舍去。因思老母之监观有赫，神明之昭察维严，地不杰，神胡灵也？竟（下残）以为否之至者泰必来，困之极者亨必至。直此荒凉（下残）它而闻井塘庄信士张仪美，竭力趋事，捐其资财，遂（下残）领袖吴善德等，齐心协力，鸠工庀材，庙守迤逦修碑（下残）而美哉奂一时之耀人耳目，新人观瞻者，辉煌而（下残）。时大清乾隆五十三年十二月吉旦。吴善德总领、会首张仪美、吴宝善、王克宽，各庄领袖：吴万善、赵有煦、王廷俭、吴振鲁、尹宗尧、张乾生、卜勋、高汉、张克思、卜伸、韩智、张连勋、吴乐善、邢□□、孙□、王廷宇、张永美、吴德。（下残）

万古流芳碑 立于清嘉庆二十四年（1819），碑断裂为多块，右上残缺，文字漫漶严重，上书捐款人名和捐款数额。

古村雪景（2013 年） 游客接待中心 提供

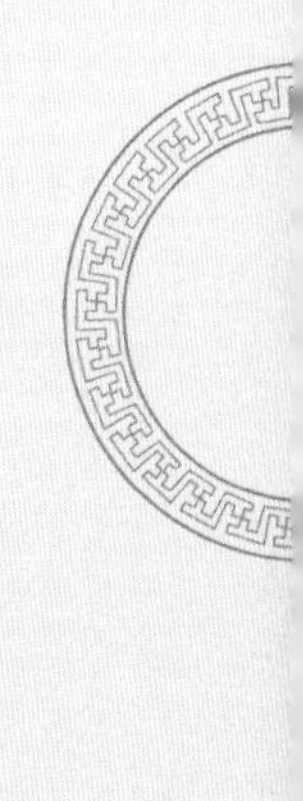

乡村旅游

井塘村依山而建，新旧民居参差错落，春来山花烂漫，夏秋硕果飘香。青州市三大名山之一玲珑山坐落于村庄西南，峻峰锐起，松青柏翠，其阴白驹谷不仅因以青州南阳河发源地而闻名，更因北魏郑道昭摩崖题刻蜚声海内外。1982 年，日本书道参访团到井塘观摩郑道昭题刻，之后到访者日渐增多。1984 年，青州市修建旅游路并植树造林，对玲珑山进行旅游开发。2003 年，井塘古村落和民俗旅游资源引起青州市委、市政府关注，遂邀请山东大学及国内知名旅游专家和民俗学教授、学者对井塘古村民俗旅游资源保护开发进行先期调研和科学论证。2011 年，青州市委、市政府决定对井塘古村进行综合开发，井塘乡村旅游全面启动。

◉ 旅游规划

政府决策 1983 年 10 月，益都县委成立“三山两园一馆”管理办公室，开始修建玲珑山旅游路，清理旅游环境和植树造林。2003 年 5 月，青州市政府分管旅游工作的领导到井塘村考察旅游工作；8 月，青州市政府邀请山东大学、山东建筑工程学院专家对井塘古村进行田野调查，形成《青州市五里镇井塘村民俗资源调查报告》。2003 年冬，青州市委、市政府邀请国内外民俗学专家，召开青州古村落民俗资源学术研讨会，对井塘村民俗资源价值进行充分论证。2005 年 8 月，青州市委、市政府邀请国内旅游专家和民俗学专家，召开青州市井塘村开发论证研讨会，围绕井塘村旅游资源价值和开发进行深入研讨。2011 年，青州市委、市政府作出“旅游立市”决策，同时决定对井塘古村进行旅游开发。5 月 18 日，成立井塘古村旅游项目建设指挥部，全面负责井塘古村旅游开发工作。

井塘古村（2018 年） 李宁 摄

2012年6月19日，山东省旅游局局长于冲到井塘古村考察，对古村保护开发利用提出指导意见。2013年10月18日，山东省旅游局局长于凤贵到井塘古村检查指导乡村旅游开发工作，对古村旅游发展提出具体要求。2018年3月27日，国家文物局局长刘玉珠到井塘古村考察，强调加强传统村落的保护利用，强化宣传，增强全社会文物保护意识，让历史文化瑰宝重放光彩。

规划论证 2011年5—9月，井塘古村旅游项目建设指挥部聘请具有专业设计资质的清华安地建筑设计公司及中国民俗协会副会长、秘书长兼山东省民俗学会会长叶涛等11位专家考察论证，形成《井塘古村落群生态文化景区旅游发展规划》，定位井塘村为“鲁中第一古镇”，以秀美的玲珑山山水和古朴的井塘古村为载体，划分古井古庙建筑群、古村民俗展示和休闲度假区、采摘与农事参与区、新村生活体验区4个功能区域。保持古村的原有格局和建筑风格，恢复村中古庙、张家大院、孙家大院、吴家大院等代表性古建筑，展现古村的建筑格局和风格，加强地方民俗场景化展示，再现古村居民生活场景。同年9月24日，召开井塘古村落群生态文化景区发展论证会，规划文本获得专家组评审通过，井塘古村旅游项目一期工程开始按规划实施。

2017年4—8月，井塘古村旅游项目建设指挥部聘请北京中科博道旅游规划设计院

游客接待中心（2018年） 孟宪涛 摄

对井塘古村旅游业发展再次进行规划，形成《井塘古村—玲珑山片区旅游总体策划及核心节点修建性详细规划》。规划确定井塘古村—玲珑山片区旅游总体策划面积为 15.3 平方千米（约 1530 公顷），核心区控制范围约 3.5 平方千米（约 350 公顷），节点设计面积约 50 公顷（750 亩）。以井塘古村—玲珑山为核心，包括井塘新村、张家峪村、南闫村、下院村、上院村等以及纱帽山、鸡冠山等，形成“一座文化山 + 一个古村落群”的旅游开发格局。规划期限为 2017—2025 年，其中近期建设期限为 2017—2020 年，中远期建设期限为 2021—2025 年。

规划明确井塘村为原生态古村落文明传承体验地，主推“话井塘春秋，品千年原乡”品牌，设计有“千年古村落”“翰墨玲珑山”“九州原乡情”“山楂树之恋”“归隐田园梦”等项目。

旅游景点

井塘古村

环山叠翠，清溪潺潺，石屋林立，古木参天。春来桃红柳绿，芳草鲜美，落英缤纷；秋至硕果累累，姹紫嫣红，十里飘香。村民日出而作，日落而息，长尊幼爱，民风淳朴，宛如古时世外桃源。

“玲珑山，山玲珑，山楂山枣山核桃玲珑可爱；井塘石，石井塘，石刻石碣石房子井塘秀明。”石屋、石街、石寨依山而建，垒石错落有致，迎风挑翅雕刻精美，石狮石鼓惟妙惟肖，“小桥流水人家”具有传统的明代建筑特色，体现着井塘工匠原始而高超的石砌房建筑技艺。

婚俗馆 设在张家祖宅院内。北屋展示喜帐、婚宴场景；东屋展示旧时婚房；南屋展示花轿和婚俗礼仪简介；西屋为喜柜房。

村史馆 设在孙家老宅，馆内设有反映景区及周边地貌的大沙盘，展示吴姓、孙姓、张姓三个家族的族谱，配有井塘村历史演化等诸多内容和井塘风情民俗视频展示。

民俗馆 设在民俗四合院，北屋展示土炕、旧式家具及年俗用品等；南屋展示老式织布机、纺线车；东屋展示日常生活用品等；西屋展示多种生产农具。

吴家大院 东屋展示山东省第二批非物质文化遗产项目“井塘石砌房民居建筑技艺”，西屋展示有山东省第四批非物质文化遗产项目“青州宣卷”。

古村北路口（2016 年）　　张成祥　摄

古村老宅（2015 年）　　赵恒爱　摄

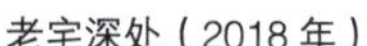

老宅深处（2018 年） 李宁 摄

仪宾府复原图（2018 年） 游客接待中心 提供

石板院 孙姓先祖将陡峭山体下凿，开挖到一整块面积足够砌房建院的石板面，以此作为基础。开出的石材先在地势低处砌墙筑至基础高，再在此上建房院，形成一块石头作天井的“石板院”。石板上有人工开凿的大小不等、分布不均的 17 个石窝，有星象图说、接地气说、插立柱说三种解释。电视剧《红高粱》在此取景。

玲珑山 古称逄山、石膏山，又称北峰山、百峰山。因峰顶状如笔架，又名笔架山。清康熙初年，井塘村隐士吴三恪于地震后发现“山腰石畔有隙，依稀有光，召子侄发之，愈发愈曲，通体玲珑矣”，此后习称玲珑山。海拔 567 米，面积 2.73 平方千米，

玲珑山远眺（2015 年） 赵厚昌 摄

山阴为井塘村所属。怪石、洞穴遍布山体。玲珑山三面崖壁陡绝，只有一条蜿蜒小径可以通达山顶。登顶眺望，一山观多景，西南群山连绵；正东弥河如带；东北云门山、驼山、青州古城尽收眼底；东南为临朐县城；正南可观沂山；正北二龙山东西横卧。

玲珑山，有观音洞、通天洞、串心洞、仙家洞、山门洞、天降石、飞来石、志心石、玉皇顶、凌霞关、卡天门等自然景观。洞穴有的前后串联，有的上下相通，有的内外套接，有的独成厅堂，人游洞中如进迷宫，时而进入宽阔的厅堂，时而钻进狭窄的小巷，空间越来越小，仿佛已入绝境，但拐过一弯之后又豁然开朗。石洞曲折勾连，可居，可行，可玩，可守。串心洞中有圆形石臼一个，洞壁刻“串心洞”3个字。串心洞南侧上方悬崖刻“志心石”3个字，其“石”字边上加有一点，不知书家出自何意。“志心石”在一根孤耸的石柱子上。玲珑山西风口处刻有“凌霞关”“卡天门”。1984年，青州书法家丁乐春在玲珑山刻有“云龙”两个字。东侧悬崖上刻有“荧阳、青、山”等字，被水垢所掩，余字不清。

观音洞是贯通玲珑山南北的天然洞穴，北口大，宽约2米，高约3米；南口小，高、宽约1米。洞内宽阔，有观音菩萨坐莲台佛像一尊。洞口到洞底通道两边垒墙，铺就30层台阶，建有两座石门。第一道洞门门框阳文镌刻对联“涧潺相形古洞府，峯湍竦起独玲珑”，横批是用小青石雕成起脊瓦陇碑帽式，并刻有两条龙，龙头部在两头，两尾

串心洞（2018年）　　王现友　摄

观音洞（2018年）　　王现友　摄

天降石（2016 年）　　金炳仓　摄　　飞来石（2018 年）　　孙好平　摄

在中间相交，紧压在两根石柱上。用阳文镌刻“桃源古洞”，且“桃”字是上下结构，“木”在上“兆”在下。第二道洞门两边石柱阳文镌刻“难必救慈悲君子，雨不雷忠厚圣人”对联，横批是用小青石雕成起脊瓦陇碑帽式，紧压在两根石柱上，阳文镌刻“与天齐寿”。沿观音洞内左侧上行，约 5 米高有一黄泥洞，内有黄泥。因上无出口，洞内漆黑。

通天洞西壁有郑道昭题刻“荧阳郑道昭白云堂中解易老也”13 个字，字径 4 厘米。

《益都金石记》载 :“郑道昭哀子诗，陈思《宝刻丛编》曰 :‘《金石录》: 后魏郑道昭哀子诗，延昌四年立，在青州。按 :《金石录》不言此碑所在。’”2015 年 3 月，四川美院教授张强与青州博物馆庄明军等考察玲珑山，在通天洞东南 800 米处发现该诗刻石，考释为 :“此郑公主之六山，玄寺青州嵚。荥阳郑道昭为文也，以道笃。”

郑道昭题刻“荧阳郑道昭白云堂中解易老也”（2014 年）　　张国新　摄

瑶池殿（2018 年）　　王现友　摄

玲珑山顶瑶池王母大殿，始建于明代，俗称瑶池殿。全石拱无梁结构，殿顶覆盖绿色琉璃瓦，兽头瓦当，滴水，门框石刻“阶下碧桃千载熟，案前青鸟一时集”。门口上方刻二龙戏珠，中间刻“瑶池”二字，门上刻“敬神如神在”。大殿窗棂全石雕凿而成。内塑王母娘娘和南海观音像，民国初期赵益增祈雨未验，领兵掀毁；山上 15 块石碑不同时期毁坏，仅剩一块清康熙五十年（1711）山门碑记完整。2009 年，陈福等捐资重修殿宇，内塑王母娘娘、纯阳大帝吕洞宾和观世音菩萨 3 尊主像和 6 个童子像，捐款 100 元以上者刻碑留念，崖边立有精工雕刻石栏杆。每年农历三月初三、四月初八、六月初六、九月初九庙会，香火旺盛。

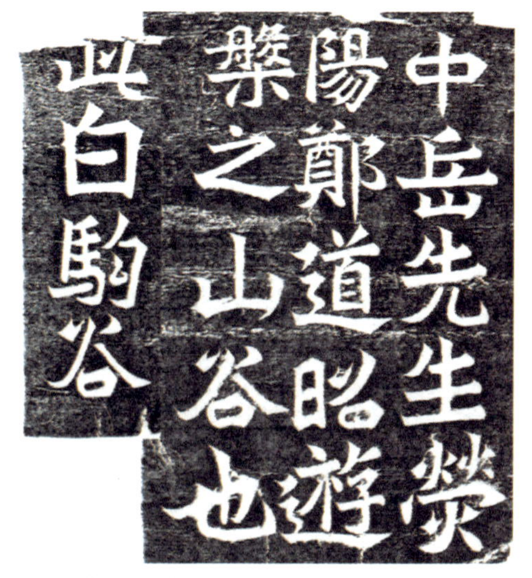

北魏郑道昭白驹谷题名（2018 年）

玲珑山阴白驹谷，村民因郑道昭题刻习称之为“字峪”，自然风光与名人题刻交相辉映，为国内外书法界人士所瞩目。郑道昭摩崖题刻作为“魏碑三奇”之一，吸引众多中外书法爱好者，每年都有数批日本书道名人到此谒拜观摩。依托郑道昭题刻，山谷中已汇刻国内外名家书作 50 余处。

白驹谷还是青州南阳河发源地。明嘉靖《青州府志·地理志》载：“西南二十五里为石膏山，石色润泽如膏，南洋水出

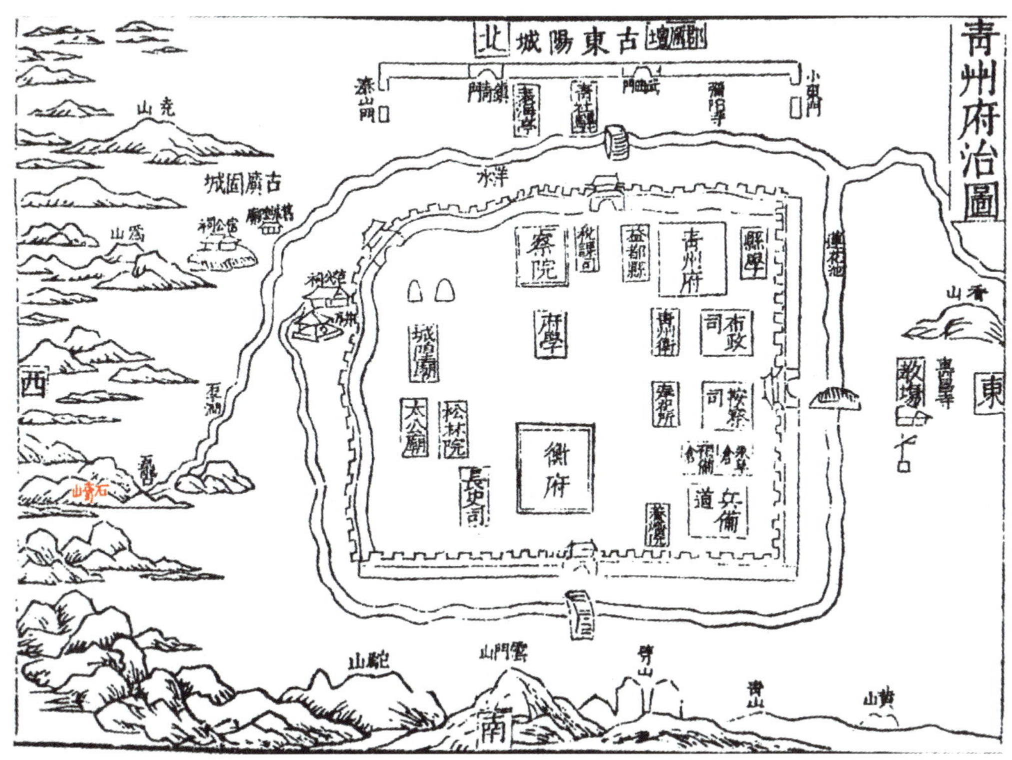

明嘉靖青州府治图（2018 年）　　王现友　提供

焉。”石膏山即玲珑山，南洋水即今南阳河。

鸡冠山　位于玲珑山西侧。四面悬崖，既无建筑，也无山洞，像昂首挺立的大公鸡之冠，故名鸡冠山。相传很早以前，每逢太阳刚刚晒到鸡冠山顶时，就从山顶传来大公

鸡冠山（2018 年）　　李宁　摄

鸡的鸣叫声，且数声相连。后来井塘村人到城里赶集，每到原来鸡叫的时间，在青州城西门外小桥上跺跺脚，会听到叽叽的鸡叫声，其他时间则没有。且只有井塘村人跺脚才有鸡叫声，外人则无应。后来小桥拆除改造，就听不到鸡叫声了，但鸡冠山名延续至今。

石屋顶 位于玲珑山西侧，山顶呈长方形，东西宽 20 余米，南北长 60 余米，且前宽后窄，前高后低，在山顶下方有一洞口朝西南方向的阔口山洞，可容纳百十人，村民一直叫此山观财石屋顶，后来也有人叫它点将台、升官台等。

纱帽山 位于井塘古村东侧，山顶部一面是几十米高的悬崖，略成方形，顶部后方紧连圆锥形突起，极像古代的纱帽，南侧紧连簸箩顶，北侧紧连东坡顶，像纱帽两翅，所以取名纱帽山。在井塘 32 座山头中高度排第二位，海拔 550 米。“帽檐”下有一自然山洞，东西走向，洞深约 20 米。山上植被茂密，有野鸡、斑鸠、黄鹂、布谷鸟栖息林间。每逢雨季，山泉汇成小溪流入谷中，汇成南阳河的源头。

纱帽山顶南侧小鞍口里有一座全石结构山神庙，四面墙体均为大块片石，前墙在片

纱帽山（2018 年） 李宁 摄

石上凿有门口。庙中塑有山神爷像。旧时每逢正月初一，村里的放羊人结伴到山神庙上香、摆供、祭奠山神爷，祈求山神爷看管好自家的狗（传说野狼是山神爷的狗），不要去叼他们的羊，保护放羊人一年平安。井塘村还有送山神的习俗，正月初五早晨煮水饺时，提前留出一碗，早饭后，几家相约一起到村南头山坡上，点上香，供上水饺，祈求山神保佑。然后焚烧祭品，燃放鞭炮。村南头居住的村民多为孙姓和张姓，靠近山谷，起到遮挡防卫作用，不送山神。

纱帽山下有约 300 平方米松林，为 20 世纪 50 年代所植，松林覆盖孙氏祖茔，清道光十一年（1831）和光绪十一年（1885）所立两块谱碑至今保存完好。茔内原有 42 株明代所植大松树，民国初期被伐一空。

景点建设

二十四节气墙 位于进村旅游路西侧。2014 年，投资 10 万元，聘请青州市金石广告公司建设，重点展示二十四节气农时相关知识和气候变化情况，介绍传统农耕文化。

庙宇修复 2011 年 10 月至 2012 年 6 月，先后投入 30 多万元，对关圣祠进行修复，新换房顶，重塑关羽、关平、周仓、童子像，壁绘各路财神，并在原址修复土地庙、龙王庙、黄仙庙，清理无生祠遗址，并加以保护、说明。

古村院落修复 2012 年开始，按旅游规划设计，投资 80 万元，陆续对古村内吴家大院、孙家大院、张家大院、四合院等进行修复。投资 70 多万元，对 4 处大院落装修布展，展示村史、婚俗、年俗、生产生活、青州宣卷、石砌房建筑技艺等。2013 年，投资 60 万元，修复建设作坊一条街，恢复院落 5 处，布展酒坊、手工面条坊、物产馆、蜂产品馆、黑豆膏坊。2014 年，投资 100 万元，恢复古村北侧院落 5 处，并对其中两处进行装修，打造精品民宿。

防御工事修复 2012 年，投资 20 万元，对古村原有古围墙进行恢复，全长 3000 米。2014 年，投资 90 万元，在古村西南角恢复三层炮楼 1 座，楼顶设观景台，主要展示井塘古村原有防御工事、防御器械、井塘村史。

炮楼（2018 年）　　李伟民　提供

山水景观建设 2011年，投资15万元，在古村入口处打造小瀑布景观，与古村水塘形成循环水系。2012年，投资80万元，扩大水塘面积，进行防渗处理，新建"裸心亭"，岸边铺设风景石，形成山水景观。2016年3月，对古村南溜片区进行开发，补偿村民30万元，收回承包到期集体土地220亩。投资50多万元，对片区内道路、土地、山坡进行系统整理，新植果树1000多株、花木500多株，修复蓄水池

裸心亭（2018年）

1 个，形成农业观光、旅游采摘、帐篷野营、亲子休闲一体旅游景区。

古村资源保护 2013 年，井塘村委、指挥部与井塘村民签订古建遗址和树木保护协议，禁止私自拆除旧建和砍伐树木；与王府街道办事处联合对周边环境和沿路建设进行冻结，制止乱搭乱建，发布《井塘古村保护管理办法》。

刘小云 提供

◉ 旅游线路

古村旅游线路 水塘—古井—关帝庙—东哨门—豆腐坊—民俗四合院—吴家大院—作坊一条街—石板院—南碾—孙家大院—炮楼—夫妻槐—张家大院

自然风景线路 进村步游道—水塘—瀑布—仪凤桥—打水道子—夫妻槐—南碾街—蜂产品馆、物产馆—衡王嫁女官道

历史遗迹线路 古井—仪凤桥—东寨门—关圣祠—围堰院—张家大院—石板院—南碾—孙家大院—炮楼—吴家大院—民俗四合院

◉ 旅游服务

2011 年 5 月 18 日，井塘古村旅游项目建设指挥部正式成立，负责井塘古村及玲珑山的旅游开发建设工作。2012 年 9 月，井塘古村旅游开发基本成形，具备开放条件，指挥部为保证古村的日常运营，向民政局申请成立民办非企业单位——青州市井塘古村落群游客接待中心，负责井塘古村的门票印制、销售及导游员的培训等景区日常运营工作，并招收工作人员，运营景区。

2016 年 8 月 12 日，井塘村“两委”联合井塘村民，成立青州市古村旅游服务专业合作社，主要负责井塘村的农业观光旅游、山果采摘、农家乐旅游开发，为成员提供乡村旅游开发信息、咨询服务、种植销售等服务，井塘村民基本都已入社，切实享受到古村旅游带来的利益。

2018 年 8 月 25 日，按青州市民政局要求，青州市井塘古村落群游客接待中心更名为青州市井塘游客接待中心。

设施配套 1981 年，井塘村修建一条从山下直达郑道昭摩崖石刻的石铺台阶路。1983 年，益都县成立“三山两园一馆”① 办公室，拨出专款 3.2 万元，井塘村在原来生产队基础上，自愿结合，分成 6 个施工小组，根据难度大小划分长短不等路段，历时两个月，建成从“字峪”到玲珑山顶的石铺台阶路。2012 年，青州市政府投资 1000 多万

---

① 三山两园一馆：指云门山、驼山、玲珑山，偶园、范公亭公园，县博物馆。

元，从刘井村到井塘村扩建高标准旅游路3千米，路面宽7米，外设自行车专用道，并建有排水沟和绿化带。2014年，井塘古村旅游开发粗具规模，为方便游客游览古村景区和玲珑山景区，青州市政府出资500万元修建从东坡绕南溜，围转古村到玲珑山，再从玲珑山向下和山区1号路对接的旅游观光路，全长近5000米。

游客接待中心位于古村停车场东南角，进村道路西侧。2013年11月建成，投资50万元，占地面积200平方米，设有旅游团体接待处、司机导游之家、古村特产展示区，为游客购票、游览、购物提供便捷服务。

古村停车场位于井塘村北东侧，占地面积1.2万平方米，水泥硬化地面，场内植国槐，投资80多万元，2012年9月竣工。综合办公中心、游客接待中心、卫生间、茶水炉、游客休息长廊等服务设施配套齐全。其余两处停车场位于进村道路西侧，占地面积共计1.6万平方米。

古村景区售票处为仿古村石屋建筑，2012年5月建成，主要用于散客售票、检票、分派导游员以及游客咨询接待等。

2012年3—5月，对古村内旅游道路进行整修，全长1500多米，投资20万元，并对道路两侧进行整体绿化美化。2012年10月1日，古村景区对外开放，建设完成卫生间5处，主要在古村民俗院及游客集中区。卫生间内部装修参照国家AAAAA级景区标准，配备齐全，功能完善。2012年，投资40万元，聘请青州市金桥广告公司统一制作旅游指示牌。在凤凰山路转弯处与刘井村转弯处制作两处大的道路指示牌；在古村停车场入口处竖立6块大型广告牌；在古村内各个景点设置景点介绍及道路指示牌。

2011年5月至2018年12月，井塘古村基础设施建设、景区建设、宣传营销及文化挖掘等项目累计投入资金1950万元，其中市财政拨款500万元，“一事一议”专项资金150万元，门票收入700万元，社会资金600万元。

食宿服务 2011年5月前，井塘村内农家乐餐饮只有古槐酒家和富昌酒家两处，无住宿旅店。截至2018年年底，有农家乐餐馆11家、住宿旅店4家。可同时满足1000多人餐饮需求。餐馆主要有古槐酒家、富昌酒家、井塘人家、广锋农家乐、山林酒家、古村农家乐、农林香酒家、手工面条坊、山里老味道、农家乡土菜、玲珑山饭店。民宿旅店主要有古槐酒家、富昌酒家、井塘·道喜家、井塘·德昌家，民宿客房可满足100多人住宿。

古村农家乐（2018 年）　　李宁　摄

古村雅居（2018 年）　　李宁　摄

旅游购物　至 2018 年，井塘古村及玲珑山周边形成规模的购物点有 6 个，摊位 120 余处，全部为旅游指挥部统一规划管理的村民自主经营项目。仿古村茅屋样式摊位设木制货架，免费给村民使用。旅游产品以井塘土特产为主，有山楂片、柿饼、核桃、甜杏米、果脯、香椿芽、山蝎、南瓜、西红柿、野菜、水果、蜂产品、黑豆膏、中草药、红丝石、玲珑石、红丝砚、根雕、竹叶石等，特色小吃有豆腐、豆脑、煎饼果子、韭菜饼、手工面条、黄面饼、黄米酒、馄饨、冷饮等。

酒坊（2018 年）　　李宁　摄

手工面条坊（2018 年）　　李宁　摄

物产馆（2018 年）　　李宁　摄

黑豆膏坊（2018 年）　　李宁　摄

井塘古村手绘导览图（2018 年）　　游客接待中心　提供

交通线路　从青州市市区经凤凰山路，在王府街道办事处左转向南 5000 米，于五孙路指示牌左转向南 2000 米到达井塘村。

公交线路　在青州市火车站乘 11 路公交车到王府街道办事处，乘井塘古村旅游专线可达井塘村。

对外宣传

媒体推介　2012 年 9 月，井塘村邀请潍坊、青岛、济南旅游部门及《齐鲁晚报》等新闻媒体，举办井塘古村对外试营业启动仪式；邀请北京、天津、河北等地知名旅游机构代表到古村考察旅游线路，洽谈合作事宜。2013 年年初，井塘村与同程网、酷旅网等签署战略合作协议；2014—2015 年，陆续与美团、驴妈妈、携程网、智游宝等签订合作协议。先后在中央电视台 7 频道《乡土》栏目等 6 家电视台有关栏目播出井塘的节目，在《大众日报》《齐鲁晚报》《联合报》《山东画报》《潍坊晚报》《青

对鲁中山区一个民俗古村落的"田野作业"——

井塘三记

2003 年 11 月 15 日《潍坊日报》专版介绍井塘古村

游客接待中心　提供

★QINGZHOU TONGXUN★

美丽传说话井塘

2008 年 10 月 18 日《青州通讯》介绍井塘古村

游客接待中心　提供

青州井塘：

五百年古村风貌依旧

《齐鲁晚报》介绍井塘古村（2018 年）

游客接待中心　提供

州人文自然遗产》等 13 家报刊刊登有关井塘的报道和宣传文章，借助电视连续剧《红高粱》和电影《终极胜利》《山洞奇缘》在井塘古村拍摄的契机，积极宣传推介井塘古村。先后编辑出版《中国井塘村》和《玲珑山下井塘村》。结合井塘深厚民俗文化，挖掘民间小调、抬花轿、打夯等 20 多个民俗表演项目，在古村进行展演。

客源市场开拓　2012 年 10 月 1 日至 2018 年年底，井塘古村先后与省内外 150 多家旅行社签署代理或合作协议，给予旅行社相应的优惠政策，旅行社到团数量不断增长，客源市场覆盖全国大部分地区，游客人数逐年增加。

井塘南哨门　　赵志琴　摄

村庄建设

20 世纪 70 年代起,规划建设新村,街道拓宽改造,解决村民住房拥挤,问题,方便村民生产生活,配套农电、自来水、学校、卫生室、有线电视、无线网络等公用设施,提高村民生活质量。至 2018 年,井塘村民全部入住砖混结构新瓦房,有 30 多户翻新改建钢混结构二层楼房,古村石砌建筑群成为井塘历史文化的见证。

◉ 基础设施建设

规划搬迁 20 世纪 60 年代前，井塘村村民都居住在古村内，房屋都建在山坡上，村内道路既窄又坑洼不平，坡度很大，生产生活全靠肩挑人抬，特别是饮水，都要到村东边沟的古井挑，生产生活极不方便。1975 年，5 户村民迁居鞍子西。1978 年，在益都县果品公司扶持下，在村西沟打机井两眼，并修建扬水站，将水抽到鞍子口水池内，方便村民取水。居住在村南的村民的土地都在村西边，为方便生产生活，村民纷纷要求迁往鞍子西。宅基地审批先由村民提出申请，村两委开会研究，本着先急后缓的原则，给劳动力多的农户分配清理基础难度大的地基，给劳动力少的农户分配清理基础难度小的地基，宅基地仍规划在山坡上，不占耕地，面积一般是人均 14 平方米。1986 年，在鞍子西的 120 多户村民全部迁出古村。

文明新居 1986 年后，村民收入增加，逐步将草房翻新，先后建设砖瓦房和楼房，绝大多数是一层半的平顶房，房顶作场院用，在上面加工晾晒山楂片。2018 年，全村有二层楼房 30 余幢。屋内装修现代化。

2016 年，井塘村获“中国美丽乡村百佳范例”称号

井塘现代民居（2018 年） 李宁 摄

街道硬化 新村从北鞍子口到西沟堰原来是一条崎岖的小山路，是生产的主路，坑洼不平，宽不足 1 米。1976 年秋，在村党支部的安排下，对该路进行拓宽整修，并将西沟堰的堰墙加高 3 米，以减缓坡度，用时两个多月，开通一条长近 1000 米、宽 4 米的生产路。1977 年冬，开挖西台崖，将土运往西沟加高，开通到郭沟北台的生产路，由于没硬化，被雨冲刷后，行走不便。2005 年春天，鞍子西的住户每人集资 30 元（从各生产队果树承包款中扣除），购买水泥、沙子、石子，雇用一台搅拌机，投资 2 万多元，动用人工 150 多个，硬化了路面，使农用三轮车能顺利通行，彻底解决了路难走问题。2016 年，由青州机关事务管理局扶持资金 30 多万元，分别建设了鞍子西、西沟到郭沟山和鞍子东、村北至东沟的水泥硬化生产路，每条路宽 3 米。2017 年春，经村两委决定，并召开全体党员和村民代表大会通过，全村整修和新开 9 条生产路，总长近 5000 米。井塘村所有街道以周边住户集资和村集体补助一部分的方式，于 2013 年全部硬化完毕。

自来水工程 村地处山区，饮水历来是个大问题，搬迁到鞍子西居住的村民，饮水

硬化道路（2017 年） 李宁 摄

虽然比古村方便，但仍需挑水。1998 年，村两委决定在村西、村东山上修建两个蓄水池。2010 年，青州市政协副主席孟庆刚协调青州市政协委员捐款 11 万元，村民每户集资 200 元，开始建设村自来水工程，所有村干部上阵，历时 3 个多月，在秋收前完成自来水工程，村民家家户户用上干净的自来水。2015 年春，上级投资在村中小山顶修建 300 立方米蓄水池，配套自动上水设备，扬水管道一级扬程 320 米，管道长 900 米，蓄水池设顶盖，村民用水达到安全卫生条件。2016 年，村两委研究并召开全体党员和村民代表大会，决定对自来水工程进行改造，更换打卡水表集中安放，解决水电费居高不下和水资源浪费问题。

电力设施　1978 年，井塘村开始用上照明电和动力电，有变压器 2 台，容量分别为 50 千伏安和 100 千伏安。1990 年，又将两台变压器容量分别增加到 200 千伏安。2014 年，变压器增加到 5 台，共计 1250 千伏安。对供电线路进行整修，合理分配各变压器负荷，各变压器基本均衡工作。2017 年，加工山楂片煤炭烘烤炉改为电力烘烤炉，村用电量大幅增加，变压器随之增加到 12 台，总容量 3000 千伏安。

通信、网络　20 世纪 50 年代，井塘村有一部磁石电话机，由政府安装。2006 年改为数字拨号电话。同时，移动公司在井塘村安装信号塔，移动电话逐渐普及。

2017 年年底，在村中居住的年轻人有一半以上在家中安装电脑，接入互联网，在网上销售井塘山楂片等农副产品。

村容环境建设

村庄绿化　2012 年，刘井村至井塘公路两侧，设置绿化带，栽植柳树、蔷薇、木槿、海棠。2013 年，村办公楼前文化广场，栽植国槐、柿子树、山楂树、杏树，花坛栽植月季、蔷薇。通往古村石铺路旁，栽植海棠、燕尾花、紫叶李、红叶碧桃、梧桐树、榆树、刺槐树、白杨树、栾树、柳树、五角枫。2015 年，新村中心街两侧栽植北海道黄杨、月季等花木。2017 年至 2018 年春，对丰山至井塘和玲珑山观光路实行绿化并加设防护栏。

村民庭院多种植石榴、葡萄，庭院门外多栽植国槐、榆树。

村庄亮化　2012 年，新村中心街道实施亮化工程。青州市政协副主席孟庆刚协调青州市政协委员捐助资金 11.3 万元，市机关事务管理局局长刘玉斌协调资金 6 万元，安装仿古路灯 120 盏，亮化道路 1.5 千米。2013 年 1 月，井塘村党支部、村委会立碑留念。

环境卫生 随着古村旅游开发，外来游客增多。2013 年起，古村景区、新村内都配有专职保洁人员，每天对辖区垃圾及时清扫清运，全日保洁。村民的生活垃圾都自觉放入设置的垃圾箱内，专业垃圾车及时清运。

安全管理 2012 年，井塘古村修复开放后，投资 30 多万元在各景点、街巷路口及新村主要街道十字路口、公共设施、停车场所分别安装高清摄像头，并接入五里派出所统一管理。五里派出所在井塘村设置治安管理工作站，配备防爆器材，为村庄安保提供保障。

公共设施维护管理 1982 年实行生产责任制后，村中公共设施属集体所有，机井、扬水管道、自来水蓄水池由村干部分工管理。机井水泵、电机出现故障，村集体负责修复。道路、堰墙损毁则派人及时清理整修。古村景区各展室及配套设施都有专人分工管理。村中小塘坝及无顶盖蓄水池设置安全警示牌，严禁下水游泳，并放置救生竹筏。村中心街道路灯安装定时钟，根据不同季节调节，按规定时间自动关停。

村庄保洁（2015 年） 周象坤 摄

民主政治建设

村党组织 1947年，井塘村开始有共产党领导的武装活动，拥护共产党的先进群众协助秘密开展各项工作。1948年，益都县解放，共产党工作组在村内发展先进群众入党。1951年，井塘村第一届党支部成立。2018年，全村共有党员44人。

村民委员会 清末民国时期，村行政机构设庄长1人、账员1人，办事员人数不等。实行保甲制时，设保长1人、账员1人。1930年后，基层行政机构称村公所，庄长称村长，属石皋镇管辖。1945年秋，土地改革时，井塘村成立农救会。1953年，村成立互助组。1954年，成立初级社。1955年，成立高级社。1958年，井塘村按村民聚居地划分为13个生产小队。1966年，井塘村有11个生产队。1984年，队改村，称井塘村民委员会。1995年起，原生产队划分成5个村民小组。

民兵组织 1947年，井塘村成立民兵组织，动员70多人

2017年12月，井塘村获“潍坊市学习型党组织建设示范点”称号
孙全道 摄

村务公开栏（2018年） 李宁 摄

井塘村委办公室（2018年） 李宁 摄

1960 年，优秀民兵吴延晋（二排左一）代表益都县参加全国民兵代表大会　　孙好平　提供

2017 年 9 月，井塘村妇女联合会获“青州市先进基层妇女组织”称号　　孙全道　摄

为淮海战役前线运送弹药、给养，抬伤员等。1949 年后，民兵连长由村党支部委员担任，村党支部书记兼任连指导员。主要任务是组织民兵贯彻执行党的路线、方针、政策，参与军事科目训练，组织抗灾救灾，巡逻值班，完成急难险重任务，并向部队输送优秀青年。

群团组织　1949 年，井塘村始设共青团组织和团支部，团支部书记一般由村党支部成员中比较年轻的支委担任。1947 年，井塘村妇救会组织妇女进识字班、学文化，解放思想，做军鞋、军衣，筹军粮，踊跃支前，护理伤员，帮扶烈军属。60 年代，组织妇女开展扫盲运动。1972 年起，村妇联组织开展计划生育宣传。新形势下，村共青团、妇联组织利用村“人口学校”和“儒学讲堂”，组织开展各种技术培训活动，拓展创业就业渠道，培育有文化、懂技术、会经营的新型农民；组织开展富有井塘特色的文化活动，服务古村旅游开发。2017 年，井塘村妇女联合会获“青州市先进基层妇女组织”荣誉称号。

打夯　　鲍英信　摄

2017 年 12 月，井塘村获潍坊市“市级文明村镇”称号　孙全道　摄

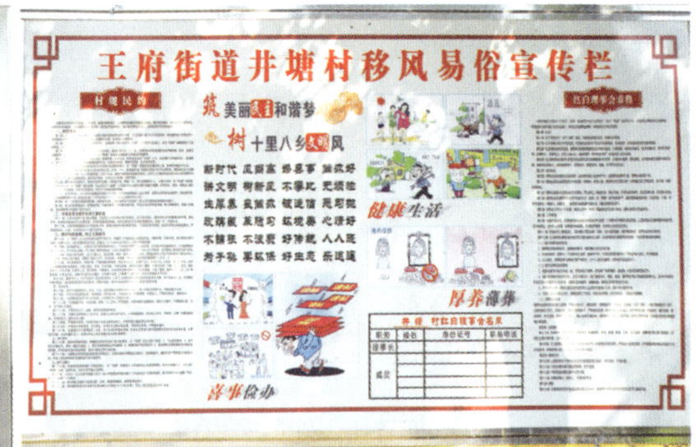

移风易俗宣传栏（2017 年）　李宁　摄

乡风文明建设

乡风民俗建设　2017 年，井塘村正式成立道德评议会，村党支部书记孙全铭任会长，强化舆论监督和正面引导，在全村评选出好婆婆（孙全美、王芳兰、闫贵兰、闫贵芝、张传云、吴兆英、吴兆美、孙孝美、吴广银、李传美）、好媳妇（侯兰英、时春梅、孙全银、吴菊萍、张红梅、闫麦、吴平花、李家花、吴芳兴、李静）各 10 人，带领村民开展文明创建等活动，促进形成良好道德风尚。

1970 年，村里就有专人负责全村红白事工作。2015 年，井塘村正式成立红白理事会，孙好平任会长，吴生昌、吴道乐为成员。倡导婚事新办、丧事简办，选择节地生态安葬方式，不使用土葬用品和封建迷信用品，树立健康文明新风尚。

村两委还利用儒学讲堂、文化活动场所，采取举办讲座等形式定期开展讲文明、讲科学、讲法治、改陋习等活动，引导村民认清封建迷信、邪教组织、陈规陋习的危害，树立积极向上的价值观、婚恋观、家庭观、消费观。教育引导村民自觉尊重少数民族宗教信仰、风俗习惯和民俗文化，建设民主和谐、文明发展的新乡风。

道德风尚建设　2014 年 6 月，中国社会科学院赵法生与青州市文明办、青州书院到井塘村开办乡村儒学讲堂，开展儒学下乡活动。赵法生首讲孝道，后陆续给村民开展系统讲解。井塘村积极实施以“孝、诚、爱、仁”为主题的“四德工程”，建立善行义举四德榜，开展道德模范和身边好人好事评选表彰活动，引导村民自觉遵守社会公德、家庭美德，养成良好的个人品德，营造文明和谐的道德风尚。

组织村民开展送温暖献爱心活动，倡导邻里和谐、互帮互助，形成“一方有难，八

2017 年 12 月，井塘村被评为山东省社会科学普及示范村（社区）
李宁　摄

方相助”的仁爱新风。

文化建设与保护　2011 年起，配合井塘古村旅游开发，定期组织村文艺队伍开展庙会歌会、花会灯会、文艺演出等活动，通过文化墙、文化大院、农家书屋、乡情村史陈列室等形式，丰富农村精神文明建设内容。加大对古村落、古建筑、古文物、古遗址、古树名木等物质文化遗产的修复和保护力度，加强对青州井塘村石砌房民居建筑技艺、青州宣卷、井塘黑豆膏传统手工技艺、井塘豆腐传统手工技艺等非物质文化遗产的传承和保护。2015 年，井塘村两委先后对原来的孙家大院、吴家大院、张家大院的展示项目进行变动。孙家大院改成村史馆，吴家大院改成石砌房展和民俗展馆，张家大院改成婚俗展示馆。整个围墙统一加高半米，并在古村南侧原炮楼旧址重建全石结构炮楼。恢复旧石房 26 间，设蜂产品馆、物产馆（分动物、植物两馆）、手工面条馆、酒坊（展示多种传统工艺果酒及土法蒸酒过程）、民间小吃展等。

挖掘宣传井塘古村民俗风情、历史沿革、典故传说、名人文化、祖训家规等特色文化。2011 年，整理出《衡王嫁女》《夫妻槐》《吴仪宾的故事》等有关井塘的民间传说 20 余则。2012 年，编写《中国井塘村——山东青州井塘村的调查与研究》。2013 年，出版《玲珑山下井塘村》。

村民生活

新中国成立前，井塘村生产力低下，缴纳苛捐杂税后，村民家庭所剩无几。兵荒马乱的战争年代，村民生活艰难，老无所养，病无所医，更无力供子女入学。新中国成立后，全村进行土地改革，农业生产迅速发展，村民生活水平不断提高，特别是中共十一届三中全会后，井塘村经济社会事业全面发展，社会保障机制日趋完善，教育、医疗条件进一步改善。2018 年，井塘村适龄儿童全部享受义务教育；80% 以上村民参加农村新型合作医疗；农家书屋、儒学讲堂、文化体育广场成为为井塘村村民提供综合文化服务的中心场所，丰富了村民的精神文化生活。

◉ 社会保障

社会救济 20 世纪 60 年代到 80 年代初，村两委将一些无儿无女、失去劳动能力的村民列入五保范围。每年从青壮劳力中扣除义务工分，对五保户进行适当补助，使其能吃上与其他社员统一的口粮。每年再从上级政府下拨的救济粮、救济款中拨出一部分对五保户进行照顾。1982 年后，土地联产承包到户，村集体无收入，社会救济弱化。2005 年起，以前的五保户、鳏寡孤独、特殊困难户申请为低保户，每年由县级政府主管部门发给生活补助，享受低保待遇。2018 年，全村有 9 户 13 人享受农村低保待遇，每人每月救助金额 215 元。对有残疾证、符合妇女保险（16 ~ 60 岁的妇科重大疾病险）和小额保险（60 岁以内意外伤害险）的，按最低每人每年 30 元的标准由村集体免费为其参保。

养老保险 2009 年，实行新型农村社会养老保险制度，村民每年向保险部门缴纳一定数量保险金，多缴多得。60 岁后，领取养老保险金。2018 年，全村共计参保 549 人，收缴保费 18.78 万元。对 60 岁以上（含 60 岁）老年人，每人每年补助 30 元参加银龄安康保险。

家庭养老 子女结婚后，父母只要能自理一般选择自己生活，只有生活不能自理时才需子女照顾。如父母有单独住房，子女按固定时间轮流照顾；若没有单独住房，则到子女家中生活。若老人生病，子女轮流照顾，医疗费用由子女均摊。父母所需粮食、生活费用、取暖煤，子女多的由儿子负责，女儿只负责老人服饰。而今赡养父母的费用一般都是子女均摊。分家时，常会请几位族里或村里比较有名望的老人和孩子的舅舅亲临分家现场。一是为了公平；二是发生纠纷时，有主持公道的人。家长要将所有的家产，包括房产、田地、工具及钱物等搭配均匀，然后让参加分家的几个儿子（女儿不参加分家）抓阄，凭借各自的运气获得家产。对于特殊情况就要区别对待：家中尚未成家的儿子不能够参与抓阄，家长就必须事先将其财产的一部分给未成家的儿子保留下来，直到其结婚方给予他，有些时候还会特别优待于他，让没有婚配的儿子自己选择财产；又如家中无男孩，那么就必然会给其中的一个女孩找一个上门女婿，财产自然而然地就归其所有。家长可以选择跟随任一个孩子生活（一般以小儿子居多），这个孩子要多分一些家产；也可由各儿子家轮流赡养；如果家长选择单独生活，就给自己准备好一份养老田、养老钱。待老人去世之后，所留一切财产由孩子均分。

劳动就业 人民公社时期，社员由各生产队统一组织劳动，按劳分配，挣工分。1982年，实行生产责任制后，种植结构发生改变，因种粮季节性强、经济效益低、风险性大，村民逐渐将责任田全部种植果树。春秋时节，男性村民外出打工，以建筑业为主；30 ~ 50岁女性劳动力，赴外地嫁接树苗；冬季返回家中加工山楂片。2012年10月1日，井塘古村旅游对外开放，游客逐渐增多，古村内安排景点看管护理人员、卫生保洁人员等，还有村民摆摊销售自家的农副土特产品，直接参与旅游服务的村民在200人以上。至2018年，餐饮业商户由2012年的2家发展到12家。能一次性接待100人以上的商户3家，能供散客住宿的民宿4家，日用百货小型超市3家，固定区域摆摊设点售卖各种玩具、土特产品的有几十家。

医疗卫生

医疗条件 清光绪年间（1875—1908），村民孙玉清是精通全科的医生，悬壶济世，医德高尚，擅用中药汤、剂、丸、散、针灸、膏药治疗疾病，足迹踏遍青州府各乡村。清末吴俊三在井塘及周边村为百姓医病。

1957年，吴俊三徒弟吴祥兴行医民间，足迹遍布青州，晚年授徒吴华兴。20世纪60年代以前，村卫生室设在借用的农户中，条件较差。1970年，村里盖起3间房子作

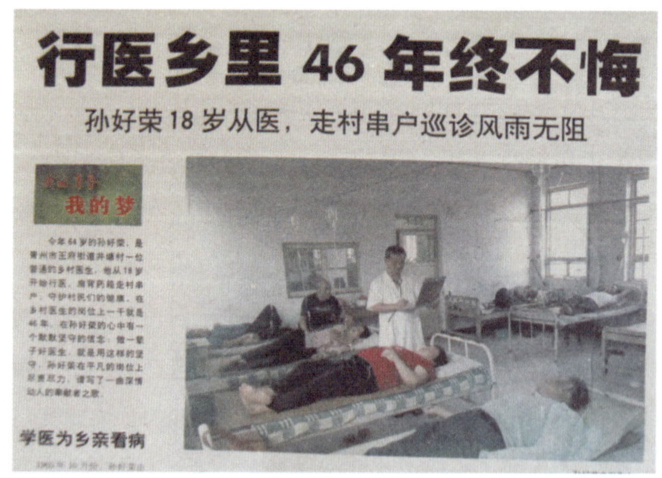
行医乡里46年终不悔

孙好荣18岁从医，走村串户巡诊风雨无阻

我的梦

今年64岁的孙好荣，是青州市王府街道井塘村一位普通的乡村医生。她从18岁开始行医，肩背药箱走村串户，守护村民们的健康，在乡村医生的岗位上一干就是46年。在孙好荣的心中有一个默默坚守的信念：做一辈子好医生。就是用这样的坚守，孙好荣在平凡的岗位上尽责尽力，谱写了一曲深情动人的奉献者之歌。

学医为乡亲看病

2014年8月《潍坊晚报》第71期报道村医孙好荣（2018年）

孟宪涛 提供

为卫生室，有外派和本村各一名医生为村民看病。1978 年，又盖 4 间砖瓦房作为村卫生所，医生 4 人全为村“赤脚医生”。1982 年卫生室解散，“赤脚医生”单干。2006 年，村医孙好荣购买井塘村原学校并将其改为卫生室，设有 8 个病床床位。

20 世纪 60 年代，先后有西闫村闫家祯，大郇村郇兆玑，刘井村吴永江，石皋村杨致信，井塘村吴华兴、吴兆兰、孙好荣、吴道良、吴玉昌、孙好明、孙全银、郇长荣在井塘诊所行医，大多采用中西医结合疗法。70 年代到 80 年代，实行合作医疗制度，社员每年每人向卫生室交 1 元 5 角合作医疗费，其中个人分担 7 角 5 分，生产队分担 7 角 5 分，到卫生室看病免费。因经费不足，卫生室医生经常上山采药，或自种中草药，自制丸、散、汤、针剂，用针灸、偏方等为社员治病。

1996 年始，实行新型农村合作医疗，村民踊跃缴纳合作医疗费，重病住院或在村卫生室就诊，都按比例报销医药费。2018 年，除个人购买社会保险外，全村参保 1386 人，其中参保一档 1296 人、二档 90 人，上缴保费 21.96 万元。

2017 年年底，井塘村卫生室面积 150 平方米，有中西医药房、诊疗室、治疗室，有十多个床位，服务对象覆盖全村 1700 人。医生孙好荣有治疗脑血栓的特长，周边地区病人常慕名前来诊治。

医疗救助 对特殊重病、缴不起医疗费的困难户，在村两委的倡议下，全体村民解囊相助，并形成一种自觉自发乡风。1989—2018 年，先后组织捐助活动 10 次，共计捐款 15 万元。每次义捐，捐助人名和数额都用红纸记录，一式两份，分别在北鞍子口和葫芦口子张榜公布。

◉ 公共教育

学校教育 清末，井塘村私塾先生有该村吴凌霄和张黄马村张美田；民国初期，侯王庄冯连谋、凤凰台村张子仪、闸口村杨玉苓、下院村刘玉森在井塘村私塾任教。新中国成立后，公办教师刘学善、王瑞风到井塘，成立井塘小学，设语文、算术、音乐、美术、体育等课程，并办识字班进行扫盲。人民公社化时期，上级又派 10 人先后在井塘村任教。井塘小学的教室分散在村内民宅闲屋内，没有集中的教室，设 1 ~ 4 年级。

1968 年秋末，公办教师回原籍，村里没有公办教师任教，大队革命委员会和各生产队从村中挑选成分好、热爱教育、关心孩子的贫下中农出身的人员任教，享受工分待遇。没有课桌凳，垒起土坯，放上木板作为学生写字的书案。黑板用多块长条板拼凑而成，刷上墨汁，在上边写字。教师 4 人，全是民办教师。设 5 个教学班，都是包班上课，工分待遇比生产队同等劳力低 2 分，每月补助 2 元钱。教师于星期六上午上班，下午开会，星期日到生产队参加劳动。学校设有语文、数学、美术、体育、劳动等课程。随着学龄儿童增多，村革命委员会选址建一所新学校，经社员大会通过，各生产队出工出料，在东坡盖 4 间教室、2 间办公室，将三年级、四年级的学生搬入新教室，一年级、二年级仍留在原处。1970 年，在东坡增加 4 间教室，一年级、二年级迁入。同年办起 4 个扫盲班，晚上上课，扫除青壮年中的文盲、半文盲，由全日制教师任课。1971 年秋，一年级招生 2 个班，共 74 人，学校时设 1 ～ 5 年级，6 个教学班。

1972 年，青州口埠籍公办教师张文灿、十八里屯公办教师张成吉支援山区教育，到井塘小学任教。张成吉任校长，学校有公办教师 1 人、民办教师 7 人。1976 年，井塘小学增设戴帽初中，设 1 ～ 7 年级，8 个教学班。1978 年，井塘小学同石皋学区合校，井塘村仍保留 1 ～ 5 年级教学班，公办教师调走，井塘村教师全为民办教师，每天记 10 个工分，每月发放 5 元补助费。

1984 年，因东坡学校地处偏僻，雨雪天学生行路难，村党支部和村民共议在村北大场院重建一所高标准学校。村民出义务工，先建了两间教室。1985 年建 10 间教室，分前后两排，院墙围校，建有操场、篮球架、旗杆，安装铁门和玻璃窗，室内有电灯、电风扇，正规课桌椅，白粉墙，水泥地面。办公室配备办公桌、座椅，经上级政府验收合格。学生于 1986 年秋从东坡学校迁入新校教室。冬天，教室配备铁炉子取暖。设 1 ～ 5 年级。有公办教师 1 人、民办教师 9 人。1995 年，增加教师 2 人。

1996 年秋，民办教师大调整。2006 年秋，井塘小学与刘井小学合并，1 ～ 5 年级学生到刘井小学上课。

20 世纪 90 年代后，村中适龄儿童入学率 100%，考入大学的有 80 多人。

社会教育 1997 年起，村里安装卫星接收远程教育系统，专门接收中央主办的法律普及、时政要闻、科技普及、党性教育等内容，村党支部定期组织党员、群众代表收听收看。2014 年，中国社会科学院赵法生研究员到井塘村开办儒学讲堂，自费印刷材料分发给村民，在井塘村委多功能会议室讲课，下院、南闫等邻村村民和刘井小学学生都来听课。2018 年春，村委会专门腾出一座古院落做儒学讲堂，井塘村的儒学孝道教育进入常态化。

◉ 文化　体育

广播、电影、电视　20 世纪 70 年代前，村民文化生活贫乏，第八生产队曾有 5 户村民联合花 40 多元买了一台收音机，轮流收听，晚饭后大家聚在一起，收听戏曲、评书、新闻节目。1970 年，益都县实施村村通广播工程，广播线路由益都县广播站延伸到各家各户，一天 3 次按时广播。主要播放新闻联播、天气预报，有时晚上也播放一些音乐、曲艺节目，如歌曲、相声、小说联播等，这些是社员们最爱听的节目，也是第二天人们劳动时谈论的话题。1984 年年底，益都县有线广播停播。2015 年，青州市委决定，在各村实施村村通广播工程，村内设大喇叭一处，由村集体管理，定时播放。

20 世纪 60 年代，村民一年看不上几场电影。70 年代，公社有放映队，看电影机会增多。1983 年冬，开始普及电影，井塘村投资 2300 元购进长江 F16-4A 型电影放映机一部，为村民放映电影。后随着电视机进入村民家庭，看电影逐渐退出村民文化生活。

1981 年，村民刘好双买回第一台黑白电视机。1984—1986 年，青州市多家商店到井塘村现场卖电视机，井塘村委会对买电视机的农户每户补助 50 元，其间购进黑白电视机 46 台。之后，液晶大屏幕彩色电视机逐渐替代黑白电视机。

图书阅览　1975 年，在大队办公室东侧屋设阅览室，并不断更新和添置图书，村民可在阅览室阅览，也可将图书借回家阅读。1981 年，阅览室撤销。2015 年，在村委会

农家书屋（2018 年）　　李宁　摄

办公室设图书阅览室，有政治、经济、工业、农业、养殖、种植、体育、书法、国学、卫生等书籍 2000 余册。

健身、娱乐 二十世纪六七十年代，村里没有正规的体育器材、标准化操场，村民只能因陋就简，自制娱乐体育器材，供冬闲和节假日消遣娱乐，如打尜、打嘎、荡秋千等。2015 年，井塘村成立综合文化服务中心，建体育文化广场，安装篮球架、健身器材，村民体育健身活动丰富多彩。假期经常有学生组队在村体育文化广场进行篮球比赛，年轻村民在农闲或节假日也经常相约组织比赛。晚上，村中妇女在体育文化广场跳舞健身娱乐。

体育文化广场（2018 年） 李宁 摄

旧时春节后唱戏，清明打秋千，六月唱甜瓜戏。冬天农闲时，大人们打尜，玩“四井”“三六九”“老牛赶山”等游戏；姑娘们玩“踢花毽”“跳绳”“打桃核杏核”“拾各个”等游戏；儿童们玩“拿鱼”“捉迷藏”“打毛驴”“马虎吃绵羊羔”“耍小狗”“黄鼠狼拖鸡”“打陀螺”等游戏。1958—1980 年，每逢春节、“五一”劳动节、国庆节，村委派人在庄头、街口、交通要道扎松门 ① 、插红旗，以增添节日气氛。每逢全村开社员大会，都以小队为单位组织唱红歌比赛。全村 11 个生产队之间经常开展唱红歌比赛。改革开放后，每逢春节，村委会组织青年男女表演高跷、驴灯、船灯、花鼓、舞狮、秧歌、锣鼓等，先在村内表演，再出村演出，正月十五日到青州城区演出。2012 年后，每逢清明、“五一”劳动节、国庆节，村委会还组织演员在古村戏台为游客演出节目。

生产工具

常用农具 旧时农具种类很多，没有一家能把所有农具置办齐全的，一些大件农具为几家共同拥有，共同使用。主要有锄、镰、锨、镢、犁、耙、耧、筐、扁担、手推车、马车、地排车等。

石匠用具 大锤、中锤、小锤、錾头、铁撬、铁楔、钢钎、大镐、山镢、铁索链子、木杠等。

木匠用具 锯、刨子、锛、斧子、凿子、锉刀等。

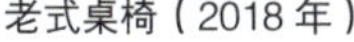

老式桌椅（2018 年） 李宁 摄

农耕用具（2018 年） 李宁 摄

① 扎松门：在交通要道用木材搭建门，上插松枝，贴标语。

井塘石屋　　赵志琴　摄

特色文化

井塘村地处青州山区，是山东省历史文化名村、中国传统村落，先后成为中国摄影创作基地、写生创作基地、影视拍摄外景地和中国乡村民俗旅游研究中心。2009 年，井塘石砌房民居建筑技艺入选山东省第二批省级非物质文化遗产名录。2016 年，青州宣卷入选山东省第四批省级非物质文化遗产名录。

◉ 非物质文化遗产

青州井塘村石砌房民居建筑技艺

历史渊源 井塘村地处山地，青石遍布。明景泰年间（1450—1456），吴氏三祖迁至此地，见村子已有许多石屋框子，便采石筑屋，垦荒立业。明嘉靖年间（1522—1566），青州府衡王将井塘打柴的吴姓青年招为女婿，在郡主下嫁时，将井塘重新整修，建戏台、庙宇，铺设长达3000米的环村围墙，盖起72间屋、3座楼的“仪宾府”。井塘的石砌房民居建筑技艺得到充分发挥，达到鼎盛时期。从明、清、民国至20世纪70年代，此技艺代代传承、保留至今。2005年，山东省民俗研究院叶涛等专家教授到井塘古村考察研究，经考证，井塘石屋建筑结构、造型和布局以及门前石狮等都具有典型明代特征。

主要流程 该技艺以石材为主要材料，以木头、麦秸、泥土等为辅助材料，与当地环境、雕刻绘画、民俗文化相结合。它巧妙地根据和利用地形，使石屋面河而立、因势而造、依山而建，有的墙壁本身就是自然的山体巨岩，有的院子地面原是一整块光滑平整的青石板，有的房屋地基就有六七米高，仿佛是从山坡上长出来的，集中体现了人与自然和谐统一的生活理念。

井塘村石砌房屋构造示意图（2018年） 李伟民 提供

井塘石砌房民居建筑技艺展室（2018 年）　　　李宁　摄

井塘村石砌房技艺中充实进很多关于“风水”和民俗的内容。如盖屋前，必须先请人相地，要尽可能选“风水”好的地方；要选择良辰吉日才能动土行工；根据地形盖屋时，讲究房屋的高度不能低于别人家。宅院四周，无论哪种方位，有街道直冲宅院屋墙或院墙，在当地叫“犯路箭”，村民认为住此宅院，家中多出凶险之事或家人易生重病，则在“路箭”所冲之墙安放一块长方形石头，面刻“太山镇宅石敢当”或“泰山镇宅”等，取辟邪吉祥之意等。

青州井塘村石砌房民居建筑技艺的主要流程有备料、打基础、盖屋砌墙。相关器具有锲子、剁斧、铁锹、木棒、钻头、硬钻、扦子、錧子、牛角斗、锤头、刃子、墨斗、泥板、活尺、弯尺、钻包、门宫尺、盆、碗、秫秸秆等。

备料　准备门枕石一对（由石匠雕刻梅花鹿、菊花等图案）、料石、砌墙石若干。料石分窗台石、过门石、屋前脸所用的板材[①]。不能定料的石头加工成砌墙用的块石。

将定好的料石量好长短、宽窄，弹上墨线，将石料多余部分打去，使其有棱有角，再将每块石料的五个面打平。石匠左手握铁铲，右手拿锤、钻头在石料平面上来回穿动，打出一道道较深的直线，这些线有竖线、斜线、小斜线，作为石砌房基本的装饰图案。再打门把、窗把、山把子等，这些把子腿的高矮根据屋的高度确定。同时要在石头上做记号，掌握石料在屋前脸每层的安放位置。这些都需要石匠具备高超的石砌

---

① 板材：打磨得非常平整光滑的石头，古时富裕家庭在建房中使用较多，而一般家庭用得较少，主要在石房前脸使用。

房工艺水平。石料运至施工处后，先由木匠做好门窗、梁等，然后开始挖地角，进行夯实。

打基础　石匠们在挖好的地槽上用门宫尺重新对屋的长短、深浅进行丈量，要求不能有任何误差。门宫尺是井塘特有的一种丈量房屋工具，长 8 寸 3 分，宽 1 寸。其正面依次标有贵人星、天灾星、天祸星、天财星、官禄星、孤独星、天贼星、宰相星八星，侧面标注尺寸。房屋的长宽高矮都要正好对准门宫尺上的贵人、天财和官禄、宰相四吉星，不能正对另外四凶星。然后挂上里线、外线，将屋的四个角根据平线用石材砌筑到一定的高度。

“看水平”　在铺好的地槽上“看水平”是井塘石砌房民居建筑中一种非常古老传统的技艺。“看水平”时，先在屋中央放一张凳子，把盛满水的脸盆放在凳子上，盆中放一个空碗，在碗的两边各插一个 5 厘米长的秫秸秆（剥去外皮），一根是白色，一根涂上黑色，插得同样高，石匠左右手各持一根一尺多长的秫秸，夹着盆中漂浮的碗，用右眼看两根杆的顶面，白的黑的一样高度，在屋四个角上插一木橛，高约 1 尺半，通过三点一线的平面定好点，取四个角一样高做好标记，根据标记，在建筑房屋基础时就可以建得平。

盖屋砌墙　在砌好的屋台（柱础）上放好墙底墨线，在房屋四角埋线杆，为将石墙砌直，砌第一层时，先在房屋四角安放非常周正的角子石，按线砌墙，但是石头上下之间不能出现直缝，必须要错开压缝，这样墙体才更加稳固。再用泥和碎石将石与石中间的空隙填满（泥起黏结石块的作用），院墙上石与石之间的缝隙用铁片或石片填补（古时富裕家庭用铁片，一般家庭用石片）。有些石房恰好位于石阶小巷的拐角处，其院墙交界处正好呈 90° 角，村民行走极易被磕碰，就将墙体砌成圆弧状。

用料石砌房屋前脸，在山把上安放东、西挑翅，上梁。砌山墙时，在山墙尖下各留一方孔，叫“耳朵眼”，安放檩条。然后用秫秸箴子编成一个 4 寸（约 1.2 米）见方、有方眼的筛子，放在里面，既能通气，又防蛇虫进入。木匠将做好的两扇大木门安在门框里的门枕石上，再在院门左或右的底部留一小洞，供猫进出，叫作“猫道”。最后将门挂子套入鼻中锁好，一座新的石砌房即完工。

表现形式　石砌房遗迹有仪宾府吴家大院管家住处、张家大院、孙家大院等 120 处，面积 2 万平方米。石屋在山坡上依次排开，户连户、屋连屋，鳞次栉比，错落有致。院落选址讲究、布局严谨。院落布局大多是传统的四合院，石屋均为四梁八柱框架结构。

石屋的高度一般在三米左右，长八九米，宽三四米，除门窗和屋顶外，全为石块砌成。经过石匠巧手加工，所有石块棱角分明、纹理有序、衔接紧密。

传承保护 井塘村石砌房民居建筑技艺是井塘村世代相传的一种传统技艺，技艺代代传承、亟待保护。2008 年 12 月，青州市非物质文化遗产保护中心将其申报为山东省省级非物质文化遗产保护项目。2009 年 9 月 27 日，青州井塘村石砌房民居建筑技艺被山东省人民政府公布列入山东省第二批省级非物质文化遗产名录。同时，成立青州井塘村石砌房民居建筑技艺研究所，对井塘古村石砌房进行整体保护。

传承谱系为师徒传承：李德宽（生卒年月不详），后黄马村人，传至上石皋村卜兆亮（1895—1982），传至井塘村吴广祯（1924—2003），传至井塘村孙全吉（1943— ）。

青州宣卷 井塘村是青州宣卷的发祥地和传承地之一。

历史渊源 青州宣卷最晚源自唐代。据史书记载，东晋义熙八年（412），著名高僧法显西行天竺求法，整理大量经卷，从狮子国（今斯里兰卡）经海路回国，在青州广郡牢山上岸，曾在青州龙兴寺整理佛经并进行俗讲，居住约一年。日本的圆仁和尚在唐开成五年（840）入唐求法途中，在所作的《入唐求法巡礼行记》中记录了唐代寺院中盛行一种俗讲。圆仁和尚曾在青州龙兴寺暂居过。作为俗讲法师，他为青州俗讲活动留下了珍贵丰富的资料。历史上山东及其相邻诸省受佛教白莲教派影响，而各民间秘密宗教活动也有独特经卷，其旨均为宣讲教义，有宣卷、念卷、念佛、善书诸名称。明永乐年间（1403—1424），青州一带农民起义军领袖唐赛儿自称“佛母”，以白莲教之宣卷念佛形式进行组织联络与秘密活动。明中叶后，山东民间宗教发展，宣卷流传愈加普遍。明天启年间（1621—1627），鲁西南巨野人徐洪儒发动农民起义，也是利用白莲教支派闻香教之经书宣卷进行组织发动的。民间秘密宗教的发展带动青州宣卷流布演唱的兴盛。康熙后，清政府大规模镇压各地民间教团，查毁他们使用的经卷，其中就有青州宣卷。但直到清末，宣卷在青州仍然十分盛行。民国期间，在青州流行的各种宣卷活动都叫“善书”。20 世纪 50 年代取缔反动会道门后，民间宗教活动大多停止，善书宣卷也因其内容涉及宣传封建迷信、轮回报应而被查禁销毁，演唱活动基本停止。“文化大革命”后，此类活动在某些香火盛地逐渐恢复，统称为“念佛”。80 年代起，青州一带民间有信徒时常聚会演唱。每逢农历三月初三、九月初九，人们聚集青州云门山中，焚纸烧香参拜诸神后，分散于庙前、庙后或山坡林间隙地，席地围坐，演唱经卷，谓之“念佛”，其人数动辄数千人。朝山演唱者多为中老年妇女。年轻者也有肩挑花篮边舞边

青州宣卷（2018 年） 李宁 摄

歌者。各山坡间念佛唱曲此起彼伏，虔诚热烈，日暮始歇。

主要特征 清中叶前后，青州云门山一带流传的宣卷经卷除部分以“经”命名，如《无字真经上上大乘经》《太上救苦说善恶真经》《护身经》《素白宝经》《葫芦经》《献茶经》《五更佛经》《药方经》《锁福经》等，主要还是一些“佛偈”，如《五拜香》《十举香》《寿衣佛》《串九宫》《五进经堂》《上云门》《七座楼》《善人来找善人玩》《小师傅要出家》《樱桃开花》《皇姑游山》《西方路上一棵草》等，内容劝人积德行善，敬奉神佛。这些被称作“佛谒”的宝卷，从语言上看古今杂陈，七字句、十字句变格混用。韵文体但可随时转韵，少部分一韵到底。也有的较有情趣，带有一定娱乐性，其中有超度亡灵和神巫仙药之类有着较为浓重迷信色彩的内容。这些“佛谒”在长期流传演唱中，保留下来较为古老的两句体“凤阳歌”，以及“耍孩儿”“叠断桥”“打枣杆”“银纽丝”“放风筝”等大量民间俗曲曲牌。青州传统曲（书）目素材有的取自青州宣卷，有的直接由宣卷改编而成。

青州宣卷的内容可分为六大类：祭祀祈福类、念佛求佛类、神话传说类、为人处世类、民俗风情类、人文历史类。所用曲调是民间小曲等。整个结构与民间说唱的词非常相近。从体裁上看，是一种韵颂与白词相间的形式。青州宣卷保存下来的数量多，手抄、刊印时间早，多为清至民国时期的产物，而且独具青州特色和风情的宣卷留存较多。

青州宣卷的形式比较灵活，包含念、白、表、唱等形式。有的宣卷只念，有的说唱结合，有的集说演、念偈子、唱佛曲于一体。宣卷的地方也较灵活，在家、寺庙、山林野外都可以进行。宣卷仪式可以洗手、点香、磕头以示庄重，也可以手拿巾帕或肩挑花篮，边舞边歌。宣卷时，主宣人可以敲木鱼、法磬，也可以不伴乐。

重要价值 历史价值：青州宣卷完好保存了大量的历史文化信息，真实记录了古代、近代山东青州风情和社会变迁，是研究古代、近代山东社会民俗史珍贵的“信息库”。

艺术价值：宗教发展带动宣卷流布演唱的频繁与兴盛。为调动人们对宗教的兴趣与虔诚，各种宣卷经文的演唱，不仅音乐不断丰富，还吸收不少民间技艺成分，在宗教宣传之余，增添了一定的娱乐色彩，使这部分宗教文化得到传承和发扬。

实用价值：每逢庆丰收、造新屋、儿女婚嫁、老人祝寿、孩子出生等喜庆大事，或祭祀鬼神，乡民们都会请宣卷艺人上门，宣讲内容多为劝人行善积德、孝敬长辈，对于净化社会风气、维护社会稳定有积极作用。

科学价值：古时候，贫穷人家没读过书，不识字。农村特别是山村，有的人一辈子没出过远门、没进过城，通过宣卷，也能上知天文，下知地理，知晓时代变更、天下大事。

相关作品 祭祀祈福类代表作品有《佛家真言》《北斗咒》《玉皇经》《观音经》《眼明经》《救苦经》《护身经》《财神经》《敬路神》。

念佛求佛类代表作品有《三世因果文》《四季佛》《五更佛》《关帝佛》《上供佛》《灶王佛》《门神佛》《敬天佛》《土地佛》《龙君佛》《财神香佛》《路神佛》。

神话传说类代表作品有《十位老母下天宫》《五生老母下天盘》《五把宝扇》《八仙关灯》《八仙庆寿》《一个香炉身穿黄》。

为人处世类代表作品有《六个闺女来看娘》《人生歌》《十劝世人》《十报恩》《人心公道自然明》《人为善》《教子篇》。

民俗风情类代表作品有《三月三赶牛山》《九月九登云门山》《五上云门山》《人生八喜》《十二个月》《九姑打秋千》。

人文历史类代表作品有《历代王朝歌》《二十四史歌》《中华省市歌》《念念不忘毛主席》《社会主义荣辱观》《乡村党员四字歌》。

传承保护 宣卷流失量大，经常进行宣卷的艺人以古稀老人为主，人数不多。2016年3月22日，山东省人民政府公布“青州宣卷”入选第四批省级非物质文化遗产代表性项目名录。在井塘古村开辟专门院落对青州宣卷予以保护和展示。

剪纸技艺 剪纸是村民对房屋进行装饰的重要组成部分，一般为装饰新婚房屋所用，以增添喜庆气氛。村民用光滑的油纸剪成各式各样的图案，大多为花鸟类，寓意吉祥、和睦、幸福。角边依照蝙蝠样子剪贴，象征多福、五福临门。村民们把剪纸统称为“团和”，象征团团圆圆、和和睦睦。剪纸的颜色根据房顶贴的花纹颜色决定，底色是红色或者蓝色，就用黑色油纸剪纸装饰，底纹是白色则用红色油纸剪纸装饰。剪纸技艺在井塘村代代传承。

剪纸（2018 年）　　李伟民　提供

民间文艺

井塘戏班 井塘村子弟戏班起源于清代。光绪年间（1875—1908），临朐县逄山庙会到井塘雇戏，唱三天两夜。后来改梆子腔为京剧，先后有杨玉汉、郑六、李文增等教京剧，报酬是两个月 150 千克小麦，由演员和村民凑集。1956 年，村民集资到潍坊买新戏装道具，村中妇女手工制作兵衣。“文化大革命”时期，戏装道具被处理干净。1984 年，村民第二次集资去潍坊买回新戏装道具，一直用到 1995 年。此后，老年演员登不了台，后继乏人，戏装封存。

井塘子弟戏班从正月初二演到正月初四，有时候排练的戏白天唱不完，晚上接着唱。在白天下午散戏前，将红灯笼挂在前台柱子上，观众一见有灯笼挂出，就知道有“灯戏”。演戏前先用白色毛笔字在黑牌子上写出上午和下午演出的戏名，叫水牌。最拿手的好戏一般在第二天观众最多时演出。青州城里、北关、东关、北城、车站、西关和周边村庄的戏迷们都在第二天来观看。

井塘子弟戏班演员：清代，有吴俊杰、吴凌金、吴继增、吴凌朝等；民国时期，有吴延同、吴传典、吴广清、吴继祥、吴义兴、吴广永、吴义文、吴永兰、孙好敏、吴广胜、吴忠兴、吴汉兴等；新中国成立后，有吴广胜、吴汉兴、吴永顺、吴永俊、吴岳兴、吴荣昌、孙全栋、吴永太、吴广荣、吴延俊、孙好俊、孙全宝、孙全吉、吴增昌、吴兆华、吴延敬、孙好孝、吴兆福、吴永发、吴文昌、孙全玉、吴永明、吴广山、吴广道、吴兆平、吴发平、吴兆学、吴银昌、吴稳兴、吴云兴、吴玉昌、吴广乾、孙全聚、吴道凤、吴兆永、张传胜等。

剧种有京剧、吕剧、梆子腔。井塘子弟戏班所有开支全是演员自己凑钱，免费演出。戏班没有名称，班主没有确定的人选，每次组班都可能产生新的班主；演员都是村里的戏剧爱好者，并不固定。班主是戏班的头领，俗称“戏约子”，总揽戏班的大小事

井塘庙会（2014 年）　　有祥群　摄

井塘古村京韵小戏《衡王嫁女》(2016 年)　　孙全铭　摄

情。班主一般先由村委会推荐，再征求演员意见，若大家都同意，被推荐者为此次组班班主。唱完戏，班主自动卸任。琴师鼓乐都由井塘村人担任。

井塘村戏班闻名于邻近村镇。1958 年 8 月，村里派吴汉兴、吴光荣、吴永顺、吴广胜等 5 人到公社，与附近其他村子选出来的演员同台演出，1959 年 4 月活动结束回村。

除春节演出外，有时在 6 月演出，俗称“甜瓜戏”，意思是瓜熟了，获得好收成，村民很高兴，唱戏庆祝丰收。

戏班演出剧目有四五十出戏，如京剧《南阳关》《取长沙》《华容道》《古城会》《空城计》《武家坡》《天水关》《斩黄袍》《定军山》《百寿图》《二进宫》《全家福》《长生乐》《三岔口》《独木桥》《广台庄》《黑松林》《龙凤呈祥》《打渔杀家》《法怀义》《打龙袍》等。还有一出梆子腔《美江学》。

鼓乐班子　井塘村鼓乐班子历史悠久，究竟源于何时无准确记载，由老一辈传下来，代代相袭。传承至今，后继乏人。2018 年，村里尚有三支鼓乐班子，负责人分别是吴广胜、吴银昌、吴稳兴。鼓乐班子的负责人俗称“揽头”或“班头”。鼓乐班子的乐器主要有京胡、唢呐、一套锣鼓、乐琴、笙、管子、笛、喇叭等。

高跷、秧歌　以前村里民间娱乐活动以马灯(指旱船、跑驴等)为主。1998 年，正式组建高跷、秧歌队，二者一起组织活动，一起排练和演出。

高跷秧歌队一般在过年时演出。正月初一先在井塘村演一场，然后去“送灯”，即到其他的村子和其他乡镇、企事业单位等去表演，获取烟酒糖等象征性报酬。附近其他村子秧歌队也“送灯”，若两个秧歌队恰巧相遇，先到者先演。井塘村每年都“接灯”，1998 年曾接待过 15 个村子的秧歌队。

踩高跷（2013 年） 王立平 摄

秧歌队（2014 年） 李君 摄

◉ 书画　摄影

书法、绘画　井塘古村因景观独特、生态环境优美、民俗资源丰富受到众多书画家青睐。2011 年起，中央美术学院、中国美术学院、中国人民大学、清华大学美术学院、天津美术学院、山东艺术学院、俄罗斯列宾学院等院校师生和李翔、王界山、胡抗美、张津成、熊晓东等艺术家多次到井塘采风写生，把井塘古村作为美术创作基地，创作了大量以井塘景观、井塘村民生活为素材的优秀艺术作品，有些作品在国内艺术展上参展获奖。2016 年 11 月 25 日—12 月 31 日，由青州市委组织部、宣传部，王府街道办事处，青州市旅游局，青州市井塘古村旅游建设项目指挥部主办，青州市农民画协会，青州市农民画画院，王府街道办事处文化中心，王府街道文联、旅游办公室，井塘村两委承办“留住记忆”——青州市农民画专业人才写生创作培训班井塘古村写生展，参展作品特色突出，全面展示古村风貌。

王界山[①] 画作《悠悠仪凤桥》

① 王界山，山东青州人，中国美术家协会理事，北京市美术家协会副主席，空军美术书法研究院副院长。

熊晓东[①] 画作《井塘古村落》

孟庆刚[②] 画作《井塘雪韵》

孟庆刚画作《原乡》

① 熊晓东，首都师范大学艺术中心中国画院执行院长。

② 孟庆刚，山东青州人，中国美术家协会会员。

孟庆刚画作《古园遗梦》

刘葆君[①] 画作《井塘》

① 刘葆君，青州人，中国美术家协会会员，中国书法家协会会员。

冯聚成[①] 绘画作品《岁月悠悠》

王孔华[②] 绘画作品《井塘古村》

---

① 冯聚成，青州人，中国美术家协会会员，青州市美术家协会主席。

② 工孔华，青州人，中国美术家协会会员，中国人民大学画院导师。

解荣德[①] 绘画作品《井塘村西门》

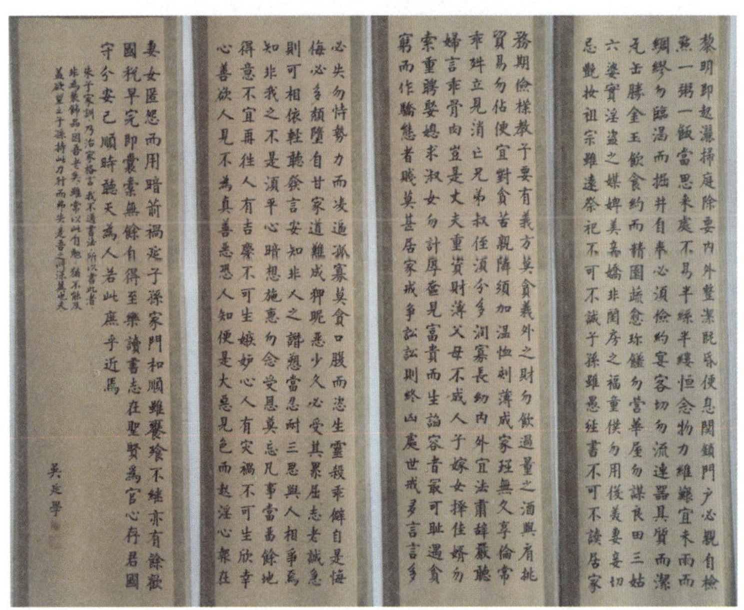

吴延学书法作品（2018年） 李伟民 摄

---

① 解荣德，青州人，中国美术家协会会员，青州市美术家协会副主席。

鞠孝军[①] 绘画作品《井塘人家》

林厚成[②] 绘画作品《古村井塘》

---

① 鞠孝军，青州人，中国美术家协会会员，青州市美术家协会副主席。

② 林厚成，青州人，中国美术家协会会员，青州市美术家协会副主席。

夏倚山[①] 绘画作品《玲珑夏翠》

① 夏倚山，青州人，中国美术家协会会员，青州市美术家协会副主席。

李斌华农民画作品《群英荟萃》

井塘影像　井塘古村原生态风貌在 20 世纪 80 年代末 90 代初就引起省内外摄影家关注，众多摄影家到古村摄影采风。井塘古村实施旅游开发后，在摄影界影响不断扩大，到井塘古村采风摄影的人越来越多。从 2011 年开始，井塘古村旅游项目建设指挥部联合青州摄影家协会举办 4 次摄影活动。

2012 年 4 月，在青州市举办“古村印象”摄影展，50 余名摄影家参展，展出摄影作品 60 多幅。2015 年 10 月，在青州市举办井塘古村摄影展，80 余名摄影家参展，展出作品 100 多幅。2016 年 10 月，青州摄影家协会组织“百名摄影家走进古村”活动。2016 年 10 月，《中国电力报》摄影培训班、全国电力系统新闻报道员到井塘采风。

沈志海摄影作品《春天里》

石磊摄影作品《古村节日》

阎星年摄影作品《古村绘新貌》

王国良摄影作品《追忆往事》

周象坤摄影作品《古村石路》

现代题刻

玲珑山白驹谷因北魏郑道昭摩崖题刻闻名于世，村民习称之为“字峪”。20 世纪末 21 世纪初，结合玲珑山旅游开发，青州市、镇、村联合，沿白驹谷摩崖雕刻名人题词 50 余处。

玲珑奇秀

——一九八四年七月舒同

翰墨

——启云

风月无边

——韩其源

幽谷玲岩峻峰

——游白驹谷记乙酉春孙经营

龙龟寿

——西泠印社吕国璋

楼高但认云飞去，池小能将月送来。

——壬申五月冯亦吾

云程万里到青州，来读石书万卷稠。众妙之门何处是，山旺一叶天下秋。

——冯其庸

烟云画态

——丙子年陈天然书

墨池烟霭花间露，茗鼎香浮竹外云。

——明子章炳文于紫金山鉴古斋

两个黄鹂鸣翠柳，一行白鹭上青天。

——冰心

钟王翰墨，魏晋风骚。

——丙子北京李准

请留春驻，愿为游忙。

——丙子年冬试启厚

云从龙

——庚午春新我左笔

何处望神州？满眼风光北固楼。千古兴亡多少事？悠悠。不尽长江滚滚流。年少万兜鍪，坐断东南战未休。天下英雄谁敌手？曹刘。生子当如孙仲谋。

——《稼轩词·南乡子》 刘艺

人间四月芳菲尽，山寺桃花始盛开。长恨春归无觅处，不知转入此中来。

——唐白居易诗《大林寺桃花》书奉辛未初夏月宁书伦

书存山岳气，画冶众生心。

——王学仲

一代巨擘承先启后，千秋气冲妙笔生花。

——乙丑春劲松寒梅之居主人于希宁拜读玲珑山郑道昭摩崖石刻之后

群峰峭拔下临渊，绝顶孤高上倚天。沧海古今吞日月，碧山朝夕起云烟。

——元邱长春诗　丁卯大寒　高小岩

晏清

——黄绮

东篱疏雨后，寒空月彩横。

——林岫

蛟龙惊鼓角，鹰隼出风尘。

——龙年集梅圣俞老杜句大康

楷模铭金石，气韵追汉唐。先有风骨俊，始能翰墨香。

——学书口占楚图南

玉盘的历双白鱼，湘簟玲珑透象床。

——录韦应物诗句庚辰夏六月　张海

此白驹谷中岳先生荧阳郑道昭游槃之山谷也。

——北魏郑僖伯白驹谷题字光绪癸未四月宿雨后晴率涂应之赵之谦

书之妙道，神采为上，形质次之，兼之者方可绍于古人。

——王僧虔笔意赞

野径行无伴，僧房宿有期。涂山来去熟，唯是马蹄知。

——白居易涂山寺独游赵冷月

树德兰在畹，立节柏有心。

——于右任

掩映天趣，顾盼得神。

——甲子小雪为北峰山刻石奉题中石

山川相缪，郁乎苍苍。

——启功　书

北国风光，千里冰封，万里雪飘。望长城内外，惟余莽莽；大河上下，顿失滔滔。山舞银蛇，原驰蜡象，欲与天公试比高。须晴日，看红装素裹，分外妖娆。江山如此多娇，引无数英雄竞折腰。惜秦皇汉武，略输文采；唐宗宋祖，稍逊风骚。一代天骄，成吉思汗，只识弯弓射大雕。俱往矣，数风流人物，还看今朝。

——毛泽东《沁园春·雪》

与德为邻

——王遐举

神泉

——王庆德

费新我题刻　　李宁　摄

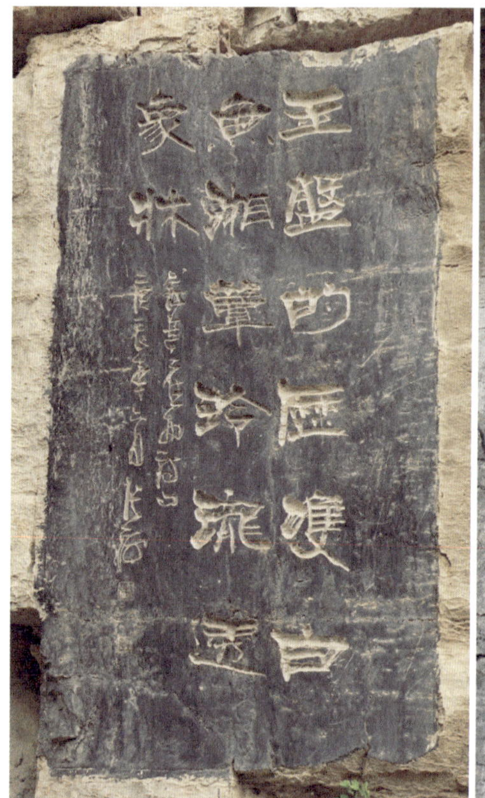

张海题刻　　李伟民　摄

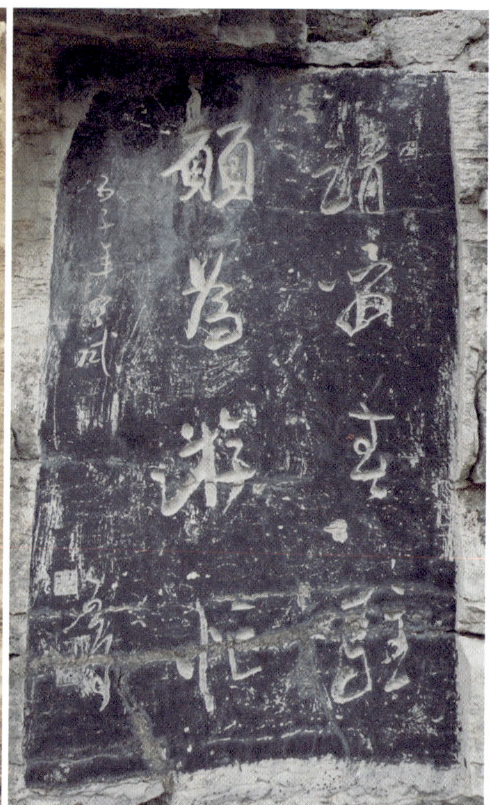

魏启厚题刻　　李伟民　摄

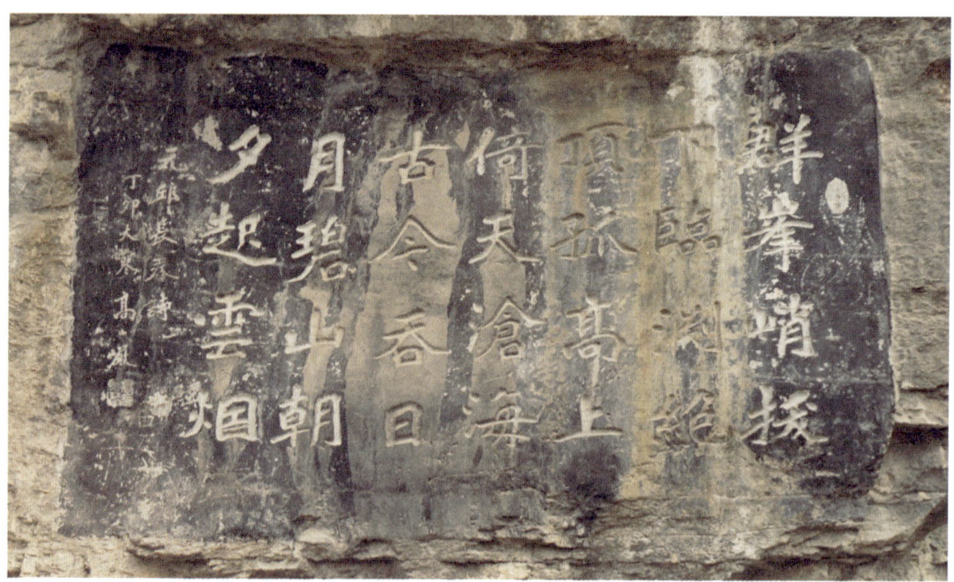

高小岩题刻　　李宁　摄

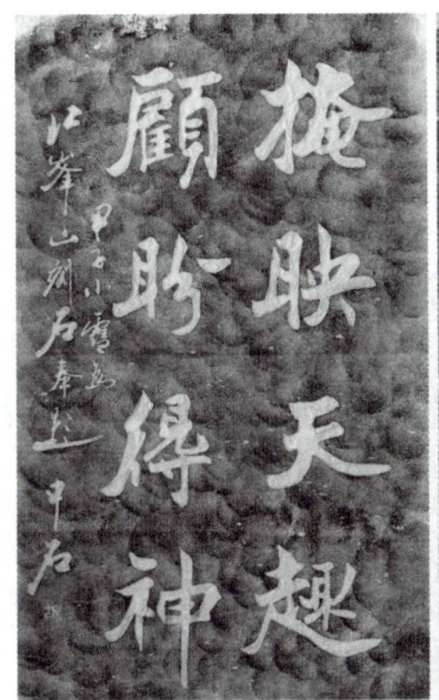

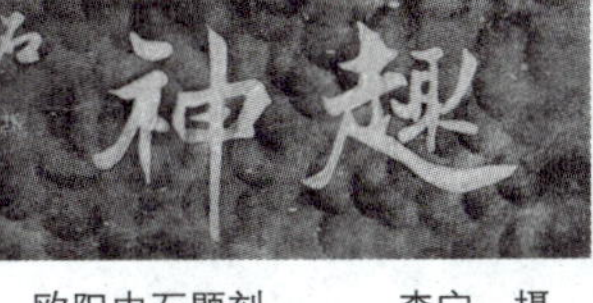

欧阳中石题刻　　李宁　摄

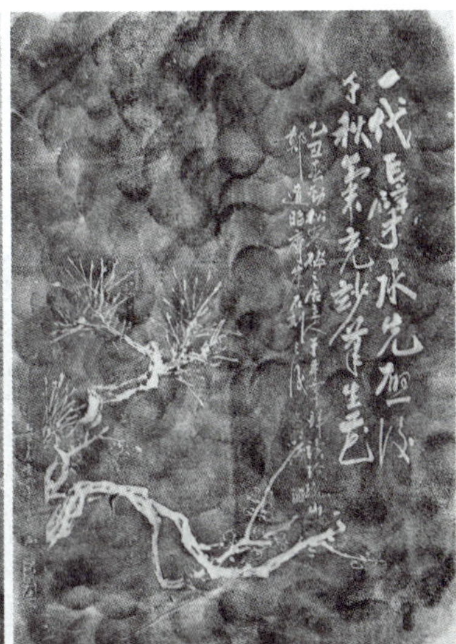

于希宁题刻　　李宁　摄

赵之谦题刻　　李宁　摄

高启云题刻　　李宁　摄

王庆德题刻　　李伟民　摄

舒同题刻　　李宁　摄

井塘古村戏剧演出（2017 年）　　丁立瀛　摄

风土民情

明嘉靖年间（1522—1566），青州衡王府郡主下嫁井塘吴氏，其婚嫁、礼仪、节庆及后来的丧葬习俗深深影响井塘村，代代相沿。玉皇社、四季社民间社团及香社活动延续至今，仍为民间信仰的重要组成部分，被列为青州市非物质文化遗产。井塘村物产丰富，青州蜜桃、敞口山楂、玲珑石、红丝石等久负盛名。

◉ 美食小吃

煎饼　煎饼是井塘村民一日三餐的主食，有着悠久的历史。

井塘手工煎饼（2018 年）　　李宁　摄

主要原料：大豆、高粱、小米、玉米、红薯干。

制作工艺：将小米、高粱、玉米、红薯干压成醅子，分别和豆醅子搭配。同高粱搭配摊出的煎饼呈红色，叫高粱煎饼；同小米搭配摊出的煎饼呈金色，叫米煎饼；与玉米搭配摊出的煎饼呈黄白色，叫玉米煎饼；同红薯干搭配摊出的煎饼呈白色，叫瓜干煎饼；等煎饼糊发酵成有酸味再摊，就是酸煎饼。还有烘柿煎饼、山楂酱煎饼，酸甜可口。原味煎饼加酱卷上大葱，别有一番风味。

手工豆腐　白豆腐自井塘仪宾府典膳司延续至今，已有 500 多年历史。

主要原料：大豆。

制作工艺：将干大豆去其杂质，用石碾压成豆醅子，放到盆内加水泡透；将豆醅子放到水磨中，慢慢磨细成糊状，加油灰煞沫，按比例加温水搅匀，装入布袋内，放在大锅口的罗床上，用力挤压，豆浆从布袋内滤出；豆浆放入锅内用火烧开，达到不沸锅为

手工豆腐制作技艺（2017 年）　李君　摄

手工豆腐菜品（2018 年）　　李宁　摄

止；按比例用温水兑好卤水，将卤水均匀放入豆浆中搅动；豆浆形成豆脑，用白色包袱铺在笸篮里包成四方形，用重力压实，浆水漏掉，豆脑压成块，将包袱打开，鲜豆腐即制成。

◉ 土特名产

敞口山楂 当地人叫“石榴”，耐干旱、耐瘠薄、病虫害少，管理比较方便，产量较高，品种主要为青州敞口大金星山楂，已有500多年的栽培史。敞口山楂树势强壮，冬天修剪成树姿开张，枝条紧凑，半圆头形，结果早，连续结果能力强，为生食、加工、药用优良品种。山楂单果重10～12克，最大果重可达36克，果实近圆稍扁，果面呈鲜红色或鲜枣红色，果实顶部有散生黄白色小果点，果皮较粗糙，因萼筒大而深，萼片开张而成“敞口”，果肉粉白至粉红，肉质紧密，味酸稍甜。敞口山楂可鲜食，也是食品加工业的重要原料，可加工成山楂汁、浆、干、饼、酒、罐头、脯等。切片制干，色泽鲜艳，被誉为“桃花楂片”，是传统的出口畅销产品。

山楂园一角（2018年） 李宁 摄

青州蜜桃（2018 年） 李宁 摄

青州蜜桃示范基地（2018 年） 李宁 摄

青州蜜桃 井塘村自古有种植蜜桃传统。1982 年以后，种植规模逐年扩大，桃树品种逐年增多。2018 年，井塘村 95% 的农户种植桃树，品种有十几种，从农历四月到国庆节，不断有不同品种类的桃子上市。大桃品种有早白塔、晚白塔、特大等。蜜桃成熟期晚，个头虽小，但爽脆可口，汁甜如蜜。1953 年，吴兆三家的蜜桃曾进入国庆宴会。

井塘村是青州蜜桃主要产区之一。蜜桃以晚熟、肉细、味甜、色艳、较耐贮存著称，成熟于 9 月下旬到 10 月上旬。有早熟蜜桃、中熟蜜桃、晚熟蜜桃、特晚熟蜜桃。冬雪蜜桃抗旱、抗寒，耐瘠薄，坐果率高，在 11 月上、中旬成熟，平均单果重 110 克，最大果重 230 克，普通室内可贮存月余，恒温库内可贮存至元旦、春节。历代都被列为贡品。2006 年 9 月，国家质检总局批准对青州蜜桃实施地理标志产品保护。2006 年，井塘村玲珑山下 400 余亩蜜桃园被山东省农业厅列为青州蜜桃保护基地。

青州红丝石 红丝石属微晶质灰岩，颗粒均匀，石质致密细滑，硬度约 4 度左右。形成于距今约 5 亿 ~ 4.5 亿年前，属浅海—陆台潮坪相沉积岩，岩性为泥质白云质粉晶灰岩。矿物成分主要为方解石，含量占 94% ~ 98%，另含少量铁、锰及微量石英、云母等矿物和泥质物。一般厚 5 ~ 20 厘米。红丝石作为观赏石，主要分两类：一类是自然形红丝石，即天然形成，独立成块，不经加工的红丝石；一类是磨制后的红丝砚观赏石，石质细腻，膏润华泽，红黄颜色对比鲜明，丝纹变化丰富。

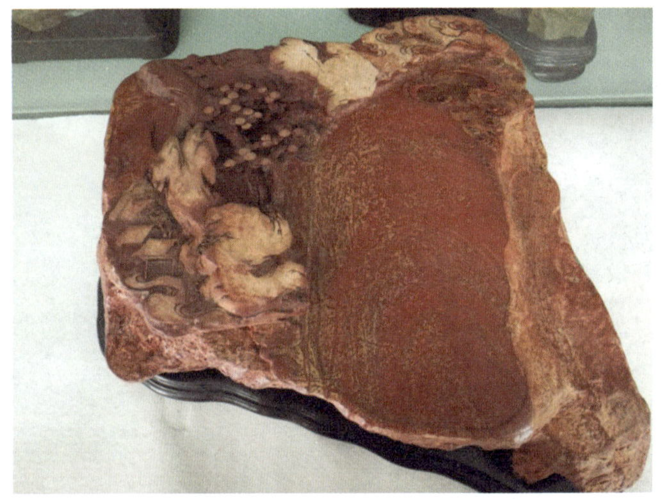

红丝石（2018 年） 李伟民 摄

青州玲珑石 可分大玲珑石和小玲珑石两种，因其形成原因与审美特征与太湖石类似，故又被列入北太湖石的范畴。井塘村域内赋存较为丰富。

大玲珑石是北太湖石中的佼佼者。大者可高 3 ~ 5 米，独立成块，互不相连。洞眼的直径从几厘米到 1 米以上不等。因其上部露出地面，大部分被土所埋，如牛卧水，所以当地老百姓又称其为“卧牛石”。在青州偶园有 4 块寓意“福、寿、康、宁”的青州大玲珑石。《中国奇石》等多部赏石专著都把现存青州偶园的“福、寿、康、宁”四方奇石与江南四大奇石“皱云峰”“瑞云峰”“玉玲珑”“冠云峰”相提并论。

大玲珑石（2018 年） 王现友 摄

小玲珑石（2018 年） 王现友 摄

小玲珑石形成于距今约 550 万～ 500 万年的古生代寒武纪，主要成分是石灰岩，因含有白云石晶体，形似豹皮花纹，又称豹皮石灰岩。玲珑剔透是小玲珑石的主要特征，其特点是高不盈尺、厚不盈寸、石质坚硬、扣之有声、巧眼密布、奇巧玲珑。小眼如针鼻，大眼如密钱，圆孔似天工所凿，有的眼洞之间仅有一丝相连。青州小玲珑石不论是石质、整体造型，还是细部特征，均有自己的特点，为青州独有石种。

玲珑山玲珑剔透的怪石雅称青州石，出于山峦坡土中，或以瘦、透、漏、皱见长，或以纹理奇特著称，已有几千年赏玩历史。宋杜绾著《云林石谱》将其列为第二："青州石，产于土中，大者数尺，小亦尺余，或大如拳，细碎磊块，皆未成物状。在穴中性颇软，见风即劲，凡采之易脆，不宜经风。其质玲珑，窍眼百倍于他石，眼中多为软土充塞，徐以竹枝洗涤净尽，宛转通透，无峰峦峭拔势。石色带紫，微燥，扣之有声。土人以石药粘缀，四面取巧，像云气枯木怪石欹侧之状。"

1971 年，在傅家庄古墓出土的北齐武平四年画像上，"贸易商谈图"中所赠之礼品就是一盆青州小玲珑石。明末青州文人杨筠在描述青州玲珑石之绝品"石清虚"时说，浑身上下共有 92 个窍，能预辨阴晴，每当天要下雨时，每个孔窍都冒白雾。经历代挖掘开采，青州小玲珑石的蕴藏量已很小，上品更是难得。得其原石后有两种处理方法：一是用稀盐酸洗去石面的杂质，用核桃油护其石肤，取其纯净的黑色观赏把玩；另一种是洗净后在户外经长期风化成灰白色，再观赏把玩。

链接：青州偶园大玲珑石逸闻

据传冯家败落后，其后人经济拮据，欲卖掉这 4 块奇石，标价为"一两石一两银"。外地一大户人家到此购买，在成交之际，冯家又感后悔，认为祖宗留下的东西不能轻易放弃，便提出连底座也要过称，一并算账。这样算来，抵得上"一两石一两金"了，买家只好罢手。

鱼子石 又称竹叶石、五花石，学名叫竹叶状灰岩，属寒武系碳酸盐类的沉积岩，呈红、紫、蓝、黄、白等颜色，花纹多为竹叶状，分布有致，相间明显，因石上有类似鱼子或形似竹叶的纹理而得名。该石独立成块，大小不一，多分布于半山坡上。明清时期，当地人常用它磨制健身球、茶具、砚台、文房摆件等日常用品。鱼子石一般完整，不用雕琢，仅用稀盐酸清洗一下，即可获得理想的观赏效果。井塘村出产的鱼子石，石底色与石上鱼子颜色对比鲜明，花色斑斓，石质细腻，具有较高的观赏价值。

◉ 生活习俗

服饰习俗 新中国成立初，村民所穿服装一般都是自家纺线、织布后缝制的，布料多为浅蓝色或深蓝色粗棉布。六七十年代，人均每年发 3 尺 3 寸（1.1 米）布票，两个人的布票才能做一件成人衣服。平时一人只有一身衣服，没有可供替换的，只有过年时才能添置新衣、新鞋。冬天穿棉袄、棉裤，女式棉袄为斜襟，左上方系扣；男式棉袄为对襟，另有大襟袍子；棉裤都是大腰，用粗布条扎腰。夏天穿单衣，样式与冬衣一致，只是里面没有絮棉花。80 年代后，村民衣着质量显著提高，逐渐与市民同步，一年四季应时换装，每季有数身衣服替换。大多数人购买成衣、鞋帽，少数老人仍自己做棉袄，也有人穿自己做的布鞋。冬天，小孩多戴虎头帽，穿虎头鞋。少数老年人戴苇笠遮阳挡雨。妇女戴耳环、耳坠、戒指、项链等饰品。不少老年人仍用布绳作腰带。

饮食习俗 一日三餐，全家共桌。午饭时间较集中，均为十二点左右，晚饭一般在七八点。主食以面食为主，多数人家用锅灶自己蒸馒头，烙饼有发面饼、油饼等，其他有面条、包子、水饺、油条、煎饼等。蔬菜以自家种植为主，常见的有番茄、豆角、茄

虎头帽（2018 年） 李宁 摄

虎头鞋、绣花鞋垫（2018 年） 李宁 摄

子、芸豆、黄瓜、南瓜、丝瓜、白菜、萝卜、菠菜、土豆等。村民爱吃煎饼卷小豆腐、煎饼卷大葱、大豆腐蘸韭花酱。

水饺是常见的节日食品，正月初一多吃素馅水饺，初五吃肉馅水饺；正月十五早上摆供“吃水饺”、放鞭炮，中午吃元宵，晚上喝酒，过灯节；二月初二，吃水饺，给小孩炒盐渍黄豆。六月初六、七月十五、十月初一吃水饺。清明节吃鸡蛋。端午节吃粽子。入伏吃凉面。八月十五吃月饼。

婚宴酒菜依照约定俗成的惯例置办。一般 10 桌左右，每桌 8 人，坐北朝南的左首位置为上首，右首位置为第二，依次下排。过去，婚宴讲究“八盘八碗”。开席之前先上四盘桃酥点心，撤去后正式上菜，先上四盘，一齐端上都是干菜（水晶肥膘、粘果仁、卷肘、香肠），再上四小碗，一道道上，都是汤菜，有肝片（猪肝）、肥肉片（小片）、山药（切成条，过油炸，做成甜汤）、大肠，为“四干四鲜”；最后上八大碗，有鸡（用淀粉、鸡蛋挂糊，油炸，浇料汤）、鱼（刀鱼切块，油炸，加汤）、炸肉（汤菜）、肘子（切成四方片，纯瘦肉，不带肥膘）、红烧丸子、白片肉（长方形，纯肥肉，因形似梳子，也称梳子肉）、肉汤（肉片、鸡蛋、香菜）。上完七碗后，开始劝酒，主家族人每桌去一人殷勤劝酒。新郎、新娘给每个客人端 4 杯酒，称“四红四喜”。等到酒喝得差不多时，客人要求上饭，主家便上主食，端上最后一个大碗叫“饭菜”，接着上馒头。

送新娘的娘家人称“送客”，须单独在堂屋设席，男方要有陪客相陪。招待娘家人的饭菜规格比普通客人高，加有“三道饭”。开席上菜前，先上第一道饭，即四盘点心，吃过撤去后开始上菜。上完八盘菜后，上第二道饭，即八宝糕。上完五大碗后，上第三道饭——酥饺。“三道饭”上完后，娘家人要给厨师、端菜的、供水的红包，钱不在多少，都用红纸包裹，图个喜庆。办红公事（结婚）请厨师不用付报酬，属于义务帮忙性质。事后一两天，主家登门，送上酒、肉以示谢意。

办白公事（丧事）待客，席位没有严格主次之分，饭菜也较为简单，一般是“四盘五碗”，都是大锅菜。需要给厨师开工钱，一般为 8 元、10 元、15 元不等，现在每人支付 100 多元。

多数村民从 60 岁起才开始庆贺生日。66 岁生日最为隆重，当地俗话说“六十六，一刀肉”，父母 66 岁大寿，女儿必须买一块猪肉送上，只能是一块，不能割碎，所以叫“一刀肉”，一般是 8 斤（4 千克）左右。生日当天，子女和本家亲友祝贺，送蛋糕、点心及鸡蛋等礼物。闺女、侄女必须到场祝贺。中午阖家举行生日宴席，如果人数多，也请厨师置办酒席，或到饭店定酒席。

村民盖屋上梁的中午，主人设宴招待。一般不请厨师，邻里妇女都来帮忙做饭，女人们帮忙做完饭后，各自回家吃饭。一般菜为西红柿炒鸡蛋、芹菜炒肉、黄瓜凉拌肉、土豆炒肉、炸鱼、炸藕盒、炸鸡、凉拌茄子、辣椒炒肉等，主食为包子和馒头。

建房习俗 传统民居以石灰石为主要建筑材料，院落与室内布局采用传统样式。直到 20 世纪 80 年代，石头仍作为主要建筑材料使用。

农家小院一般为单幢独院式，有正房三间或五间，前面是院子，由院墙围成。70 年代以前，农家院墙、院门很简陋，多是豁口为门，编枝为扉。院落布局通常是“东南大门，西南圈”或“西南大门，东南圈”。

石屋房高一般为 3 米左右，长 8 ～ 9 米，宽 4 ～ 5 米。正屋房门用木头制作，一般为两扇。在门框上边有一块横木，叫作过门木；在门槛下边的石头称为过门石，通常长 1.75 米、宽 0.5 米、厚 20 厘米。窗也是木制，中间呈小方格状，俗称窗棱子；在窗框上边的一块横木称为窗户过木；窗户下边的整块石头，在屋外的部分称为窗台，在屋内的部分称为半门子台；窗框的左右两侧称为窗把子。石屋的前壁墙与山墙相接处做工精细的石头叫山把子，顶部雕刻的石头俗称“挑翅”。

传统石屋室内布局比较简单。进门一侧是锅灶，通常用土坯垒成，与炕相连，做饭、取暖用。冬天在室内做饭，以烧热屋内的火炕，夏天则多在院子里的厨屋做饭。在正房中靠北墙一般安放一张方桌，桌子里边靠墙根安放条几，桌子上摆放茶壶、水杯，条几上安放酒具、观赏物件，两边是椅子。过春节时，在北墙还要挂中堂画。在东间屋内盘有火炕。70 年代，床逐渐代替炕。

井塘先民讲究风水，建房前请风水先生选择地基，决定大门口方向。一般是走东南门，北屋东间为主屋；走西南门，北屋西间为主屋。确定好走向，开始挖地基，铺水平台子，把块石按平线标准垒成墙。前脸石要请石匠开出石料，并进行精雕细凿，按层次的厚薄分为 5 层、4 层、3 层。为使屋前脸美观，石匠在窗台以上增垒门把、窗把子和山把子，在山把子上加迎风挑翅、探头，并写上福寿等字以取吉祥之意。门口上方有 3 层精凿门脸石垒平门口，叫大平口，需要看水平。在加垫檐石后，开始上木梁，粗头在前，细头在后。上好梁后加离檐撅子、离檐板子。叉首要粗的、直的，叉首上放置檩条，每间屋有 5 根、7 根、9 根不等。在脊檩中间写上建房的年月日时。以 4 寸（约 13 厘米）红布拴栗子、枣、花生、铜制钱，裹一本老黄历，用红线绳拴系在脊檩上，并在两架大

清代泰山镇宅石敢当（2018 年）　　王现友　摄

木梁上贴“玉柱擎天红日近，金梁跨海彩云低”对联。在四股叉首上贴红纸，红纸上写“文昌、武曲、左辅、右弼”，意取四星保佑房屋坚固长久。安门口时，在门框上贴红纸，写“黄石公择就吉日，姜太公在此安门”对联，横批“安门大吉”。上梁时，主人在屋前摆放一张供桌，供酒菜、茶水，并封一个红包给石匠头，焚香烧纸，放鞭炮，奠酒，叫“上梁贡”。石匠头在举行上梁仪式时，口中念叨：“这架梁上的好，辈辈出国老。这架梁上的强，辈辈出状元郎。”同时请一些老年妇女念上梁经。上梁毕，石匠头端起桌上所供之酒一饮而尽，并说：“喝了上梁酒，活到九十九。”也有石匠头不喝酒。

旧时，井塘村建房是件大事，一家盖房，亲戚、朋友、乡邻都来帮工，俗称“工作”。帮工不用户主特意邀请，都是村里人情往来。帮别人多的人，自己盖房帮工自然就多。平时帮工约 10 ~ 20 人，上梁日可达上百人。帮工不付工钱，户主负责提供饭菜、烟酒、茶水等。女人帮工主要是负责烧水做饭。现在盖房是浇制房顶，没有了上梁之说，浇制房顶时人最多，“上梁供”也在这时举行。

附：《上梁歌》

（一）

咱这个院盖的强，观音老母来上梁。
一梁上的沉香木，二梁上的满屋香，
三梁上的全家好，再把这门窗安正当。
这张桌子放当央，筷子摆上整十双，
四荤四素八碗菜，宅神家仙都请上。
朝南的大门砖瓦镶，一对旗杆在两旁，
旗杆顶上冒金花，富贵荣华头一家。
驴驮金，马驮银，骡子驮钱进大门。
大囤满，小囤尖，旮旮旯旯净是钱。
这个院盖的强，辈辈出个状元郎，
这个院盖的好，辈辈出国老。
念到这里佛为满，念声弥陀保周全。

（二）

这口屋盖的强，观音老母来上梁。
门窗户搭安正当，金砖银瓦一起上。
大梁上的沉香木，二梁上的满屋香。
三梁上的全家宝，门神护爷站两旁。
桌椅条凳屋里有，屋里有个高官座，
屋里有个状元郎，状元头上两枝花，
富贵荣华头一家，弥陀佛。

节日习俗　春节，俗称“过年”。腊月初八后，家家忙着置办年货：有对联、过门笺、年画、鞭炮；家具器皿中务必新添碗筷，象征人口兴旺；羹肴必备鸡、鱼，意求“年年大吉”“连年有余”。还有肉、蛋和各种干鲜果品，各种调料一应俱全。家庭主妇准备好新衣，就准备新年干粮和佳肴：家家做馒头，有的人家蒸“花饽饽”[①]。蒸年糕，取意“年年高”。家家做豆腐，借“都福”谐音，祈求全家幸福。摊煎饼，有的烙煎饼卷。有的人家蒸几笼屉（大锅）“米面”[②]，有大黄米（黍子）和小黄米（黏谷）两种。辞灶前后，家家腊月二十三的扫舍，进行年终大扫除，还要洗澡、理发，将家具、衣物擦拭、清洗一新，整理陈列得井井有条。现在已无人自做新衣，全是买成品；食物也不需要准备很多。

除夕，家家户户贴对联、年画、过门笺，午后上坟祭祖，傍晚“请家堂”。“请家堂”是井塘村的重要习俗。阖族人由长辈带领，提着灯笼，端着牌位，到村头“请家堂”。村中吴姓有六七支，每支都自己举行“请家堂”。“请家堂”时，先把“家堂轴子”悬挂在北屋正面的墙上，点燃香烛，摆上供品、茶碗、酒盅、筷子。将宗谱悬挂在侧面（东墙），每家去一人在“请家堂”户集合，拿上香、花笺、长钱。牌位2个，用传盘端着，掌上灯笼。长辈端着传盘，到村外大路上。各家去的人点上香，焚化花笺等，叩头完毕，大声叫着“老爷、老嬷来家过年吧”。长辈端着传盘往回走，晚辈在后边跟着。到家后，将牌位供在桌正面，全族人分批叩头，各自回家。留着值班的人按时烧香。正月初一早晨，阖族男女老少都去家堂拜祖。磕4个头，所谓“神三鬼四”。村里不管哪姓请家堂，都互相拜望。一天三次去家堂处送饭。新生的男孩往谱上添名。族中没有新女婿的，初一晚上“送家堂”。族中有新女婿的，要等到初二，新女婿拜过家堂后，晚上“送家堂”。送家堂时，按男子人数凑钱，买香、纸、鞭炮等。长辈用传盘端着牌位、长钱、花笺纸、香，用簸斗挎着，有人提着浆水，打着灯笼，每家出一个代表到村外大路上“送家堂”。点上香后，将纸钱划分为几份，喊着：“老爷爷、老奶奶、无依无靠的、身患残疾的，都来领钱花。”点燃纸钱后，奠水，放鞭炮，说着“哪里来的哪里去”。“请家堂”的时候不放鞭炮，“送家堂”时放鞭炮。从2000年起，不再“请家堂”。

入夜，秉烛焚香，灯火通明，人们彻夜不眠，称“守岁”。天井正中供桌上供荤素8个菜、饽饽、年糕、豆腐、米面等，放10双筷子、10个酒盅，意思是请天地全神。放置香炉1个，插黄表纸做的天地牌位，上书“天地三界十方万灵真宰”。厨房安置小桌供灶王。堂屋内摆桌供奉关公、玉皇、观音，半夜过后供水饺。家庭主妇在供桌前祭

① 花饽饽：又叫“饽饽糕”，中间放上一块糕，外边用面裹起来，放上枣，做成花的形状。

② 米面：也叫“发糕”，用小米做原料，再放上枣。

神奠酒时说：“天地全神，请您过年，保佑老少平安！”叩头三个，然后鞭炮齐鸣。在灶王像前祭拜并说：“清晨起来把门开，名堂蜡烛点起来。财神爷爷上边坐，金银财宝两边排。刘海就是送子仙，沥沥啦啦撒金钱。一撒金，二撒银，三撒骡马一大群，四撒老人寿限大，五撒举人和翰林，弥陀佛！”发纸马后，全家老少，围坐喝团圆酒，吃年夜饭，然后子孙给本家的长辈叩头拜年，老人给小孩“压岁钱”，也叫“守岁钱”“添岁钱”，寄意孩子长命百岁。年夜饭后，家族间晚辈给长辈拜年，至主房自行按辈分排列，向老人叩头，长辈以瓜子、花生、香烟、茶款待。拜年有尽早的习俗，天亮之前结束。而今拜年时间稍晚，仅存问好，少有叩头之俗。

正月初一，人人早起，穿新衣，戴新帽，不论男女老幼，停止一切生产活动，尽情玩耍。民间习俗为不扫地、不挑水、不借钱、不讨债、不动针剪。放羊的人有大年初一祭山的习俗。

正月初二，清晨放爆竹，谓“开市”，不再禁忌劳作。井塘人讲究“初二看丈母娘”，女婿一家人此日必须去岳父家。即日起，民间文艺杂耍，如踩高跷、跑旱船、打腰鼓、玩龙灯、扭秧歌、唱戏等开始演出。井塘村有唱大戏的传统，初二开台唱戏，先唱《百寿图》，后选吉庆戏，一般演唱 3 天。

正月初五，俗称“五马日”。当地有“一鸡”“二狗”“三猫”“四兔”“五马”“六羊”“七人”“八谷”的说法。相传“五马日”是“蚕姑”的生日，早晨家家焚香烧纸，供养天地，鸣放鞭炮，吃水饺，表示庆贺，以示年气结束，生产活动转入正常。

正月初七，为“人日”，习惯称“人七日”，或讹称“人情日”。村民盛行吃搭配各种蔬菜做的小豆腐。有“做豆腐（小豆腐）、摊煎饼、骡马栓一天井”之说。

正月初八，俗称“转八日”，是收粮日，放鞭炮，意为除鸟、免吃谷物之意。

正月十五，为元宵节，主要活动是观赏灯火，又称灯节。早饭吃元宵、水饺，燃放鞭炮，晚上放花灯。老年妇女有的接四季老母，有的接玉皇，上平安供等。

立春，井塘村四季社有接四季老母活动。井塘村有 3 个香社组织：玉皇社、鞍子口东四季社、鞍子口西四季社。四季社在井塘村历史比较悠久，凤凰山有民国年间四季社碑刻：

> 民国八年，岁在己未孟秋之初，会于凤凰山之三官殿前，当四季社也。群友毕至，少长咸集，游览古人之会社，皆有碑碣以志之。吾人立社，业已有年，能不立石，以昭来世乎？故亦列叙时人，勒诸贞珉，后之视今，亦犹今之

视昔，后之览者亦将有感于斯碑。李汉顿首拜撰，主持卜嗣清，卜宪周顿首拜书，石工张锦春、清春。

井塘村四季社原为一个社，后来部分村民迁往鞍子口西居住，重新起社，原来一个四季社分为东、西两个。四季社供奉无生老母和四季老母（春季为观音老母，夏季为清凉老母，秋季为文殊老母，冬季为普贤老母）。每逢立春、立夏、立秋、立冬之日，举行“接季”活动。

二月初二，青龙节，俗谓“龙抬头”。村妇以簸箕盛草木灰，用擀面杖击打划圈，称“打囤”，用草木灰围宅子，以防被大水冲毁，此俗沿袭至20世纪70年代。民间还流传有“二月二剃头，一百天不头痛”和“正月里不剃头，剃头死舅”两种说法。

清明节，前两天是“一百五[①]，添坟土”祭祖的日子。日出前，家人持锨上坟筑土（70年代平坟还田，不再添土，但仍上坟祭祖），在坟头压纸。四五十年代，村中青年新装结伙，在村头空场打秋千，儿童在野坡放风筝。清明节，还有出嫁的闺女回娘家为亡故的父母上坟压坟头纸的习俗。过去清明节早晨，缠足的妇女会结队到野外踏青，以求不生足病。清明节早晨吃煮鸡蛋，中午吃水饺，晚上吃炒菜、喝酒。

五月初五，端午节。家家须日出前采集艾蒿、桃枝，插于门框，放于席底，以避邪驱虫，要放3天。早饭分食粽子，有谚语：“吃个端午粽，一夏不生病。”妇女们缝制三角形、心形香荷包，当地叫出荷包，内放雄黄、艾叶等驱虫物品，佩戴在小孩胸前。有用艾蒿、夏枯草煮鸡蛋之俗，据说吃了这种蛋不苦夏[②]。

六月初六，主要习俗是上新麦子坟（也叫荐新）、吃炒面、“住六月”[③]，晒书、晒衣物。当年出嫁的姑娘回娘家，娘家要为女婿买苇笠、披布、蚊帐。

七月十五，中元节，包水饺，上坟祭祖。

八月十五，中秋节，家家户户都要隆重过节。节前须携带月饼等礼品看望岳父母，再看长辈，朋友间互赠月饼、瓜果类。节日中午饭为水饺，晚上合家聚餐，俗称“吃团圆饭”。农户设香案于院中，摆上月饼、西瓜、葡萄、苹果等，燃香对月跪拜，饮酒赏月，趣谈月宫事，畅叙丰收年，酒后分食月饼。有民谣：“八月十五月儿圆，西瓜月饼敬老天。”也有的说：“八月十五是人的节日，不上供。”

---

① “一百五”：是指从上年的冬至日数到此日刚好105天。

② 苦夏：夏季消瘦。

③ 住六月：新出嫁的姑娘进入六月后回娘家小住，称“住六月”。

九月初九，重阳节，村民多去玲珑山、仰天山看红叶。

十月初一，俗称“寒衣节”，也称“鬼开门”“鬼节”。村民包水饺，上坟祭祖。也有人为亡故父母做棉衣裤焚烧，称“送寒衣”。

腊月初八，腊八节。早上喝腊八粥，中午吃水饺。已经出嫁的闺女吃完腊八粥就要回婆家过年。俗话说：“喝了腊八粥，就把年来数。”腊八节后就开始春节的准备活动。

腊月二十三，俗称“过小年”。入夜祭灶，称为“送灶”“辞灶”。祭祀完毕，焚香烧纸，供后分食糖果。今辞灶的迷信色彩大减，家家户户放鞭炮、吃水饺、分糖果之俗仍然存在。如果家中有人在外地未归，则不辞灶，意思是不把家人辞在外面。

民间礼仪

婚嫁习俗 20 世纪 70 年代前，没有媒妁之言、父母之命的婚姻往往被村人耻笑。“文化大革命”时期，女方定亲所要彩礼须退回男方，结婚时不拜天地，摆上毛主席像，三鞠躬、唱歌后算礼成。不办酒席，不给长辈磕头，吃过午饭后，夫妇二人下地干活挣工分。多选在“三八”妇女节、“五一”劳动节、“五四”青年节、“八一”建军节或国庆节举行婚礼。有时数对新人一起在大队办公室举行集体婚礼，不用轿抬，不用车接，

井塘村上门女婿代表及家人合影（2018 年） 李伟民 提供

井塘婚俗——抬花轿（2015 年） 有象群 摄

自己步行去，手捧红宝书唱歌敬礼，仪式就算完成。80 年代后，结婚时置办缝纫机、手表、自行车等时兴物品。2000 年后，彩礼钱金额 1001 元，寓意“千里挑一”，或 10001 元，寓意为“万里挑一”。2010 年后，彩礼钱 2 万～ 4 万元不等。

结婚前，男方装修房屋，购买新家具，置新被褥。女方一般做 8 床被褥作为陪嫁。吉期临近，亲朋好友、邻里送礼物祝贺。按属相安排人员负责做伴娘、领亲、抬轿、当喜童、点灯、铺床。喜日前三天写对联，准备肉菜，邀请客人。婚礼仪式结束，举行婚宴，新人给长辈磕头，回门（回娘家），给祖先上坟。

60 年代前，结婚用一乘花轿，富裕人家用五彩大底轿，上有麒麟送子、八仙人子、龙盘柱子、凤凰展翅等图案装饰，挂彩绸，四人抬轿，随行人打一把彩伞、一对灯笼。60 年代至 80 年代，路远的用独轮小车接新娘子，压车人手撑纸伞为新娘遮着头脸，路近的步行接新娘，不拜天地，不坐床，不招待客人。90 年代后，开始用自行车、拖拉机接新娘。2006 年起，用面包车、小轿车接新娘。自从有录像，村民为儿女筹办婚礼，都要从新娘梳妆开始，一直录到新婚夫妇喝完交杯酒，制成光碟留作纪念。

村中有无子户，因井塘生活条件越来越好，女孩不愿嫁出井塘村，招上门女婿渐成风气。至 2017 年，井塘村上门女婿有 40 多人，分别来自辽宁、云南、安徽和省内周边县市。

生育习俗

送助米 小孩出生后 7 天，邻里乡亲送鸡蛋、油条、面条等，给产妇补养身体。小孩的姥姥家择日送小米、鸡蛋、面条、猪肉、尿布、红肚兜、小裤子、小枕头等物品。

叫满月 一般在小孩子出生后二十七八天时，产妇娘家来人将孩子接到家，舅舅为孩子剪头发，用剪刀在小孩头上剪三下，边剪边说：“一铰金二铰银，三铰骡马一大群。”将剪下的少许头发放到升中，升里提前放入狗、猫、驴的毛，拿到院外路口撒掉并说：“毛儿随风走，小孩活到九十九。”若是小孩没有舅舅或舅舅不在场，就在小孩面前放上一个蒜臼子代替，意思是小孩听到驴叫、狗咬、猫叫时免受惊吓。

过百岁 小孩于出生后第 100 天“过百岁”。娘家客必须是百岁的这天到小孩子家，并送银镯子、银瓢、方印、新百岁裤褂、桃核刻成的桃篮。其他亲朋则买上六尺（2 米）新布、干粉条、点心、饼干或酒。客人到齐后，主人摆酒席盛情款待客人，邻里乡亲在百岁前的晚上参加宴席。

拜干娘 井塘村很早就有给孩子拜干娘习俗，一直延续至今。以前有些家庭男丁不旺，或是生育的男孩夭亡，或是生好几个女儿后才生个儿子，且病灾不断，有人说孩子生的贵，需找一姓陈或姓刘的人家给孩子做干娘，也叫押娘。陈姓谐“沉”音，寓意重量很大，搬不动，拖不动，能压住，孩子不易夭折。刘姓谐“留”音，寓意能留住孩子，长命百岁。拜干娘时，父母抱着孩子，带着礼物和蓝布缝的一个筒子到约定好的干娘家。干娘站在布筒子中，将孩子搂在怀里，从怀中慢慢放于地下，象征自己生的一样。再将布筒提起，干娘把孩子抱给他母亲，然后举行跪拜仪式，备酒菜谢干娘。自此以后，孩子以娘称呼干娘，逢年过节相互来往。干娘、干爷去世，孩子要披麻戴孝，为其送终。

80年代后，有些孩子从小病灾不断，周边又无陈、刘之姓可拜，就找一个石碌碡或碾砣子为干娘。每逢正月初一早晨，孩子父母给石头干娘烧香、供饭、开茶、斟酒、发钱粮，祈求保佑孩子。也有人家去玲珑山拜飞来石为干娘的。孩子结婚后，全家人挑着香纸、馒头、喜糖、火烧、酒菜、茶水等供品，到玲珑山飞来石前诚心跪拜，感谢石头干娘，并祈求添个胖孙子。

丧葬习俗 在井塘村，若有人去世，一般不直接说去世，而说“老了”。寿衣是老人生前就准备好的，讲究“三领”“五领”“七领”“九领”之分，指的是上衣穿的层数，即必须有三件以上的上衣；下衣样式为女的在裤外套裙，男的在裤外加袍子。老人一旦去世，其子就为其指路，在门口烧纸马，谓“倒头马子”。死者的儿、孙等要到村北土地庙为死者“送浆水”。

井塘村不管谁家有丧事，大家都会主动帮忙。村里有红白理事会，分里柜和外柜。里柜管着分派事务及一切账目。外柜则管客人及乡邻上祭仪款记账。出殡一般选在死者去世后的第三天，大多请鼓乐班子演奏，有的还唱戏。死者下葬后第三天，其子女们要上“三日坟”；三十五天，上“五七坟”；一百天，上“百日坟”；一年之后，上“周年坟”。上完“周年坟”之后，就只有在清明节、农历七月十五、十月初一、春节上坟。下葬后头三年在上午上坟，三年之后改在下午上坟。

新中国成立前，村里老人去世，儿女为其大操大办丧事。2017年，政府大力提倡移风易俗，村成立红白理事会，向全村发出公告，提倡厚养薄葬，反对大操大办，丧期一律2天，不修大坟，不用吹鼓手，除子女外不穿孝服，提倡戴黑纱白花，亲戚不扯白布，不设酒席，一律吃大锅饭，不上烟酒。

◉ 方言谚语

方言

用“冈”字作程度修饰，表示“很”或“非常”的意思，如：冈好（很好）、冈获（很多）、冈香（很香）、冈细细儿（很细）、冈小小儿（很小）。

词尾用“子”的词，如：头囟子（脑门）、腚槌子（屁股）、锅腰子（驼背）、豁唇子（兔唇）、茶嗉子（茶壶）、牙花子（牙龈）、卷子（馒头）、盅子（小酒杯）。

根据事物形象特点构成的词，如：扁嘴（鸭子）、长虫（蛇）、地蛋（马铃薯）、狗奶子（枸杞）、扫帚菜（地肤）、棒槌子（玉米）、跟头虫子（孑孓）、长尾巴郎子（灰喜鹊）。

外来品冠以“洋”字构成的词，如：洋灰（水泥）、洋镐（镐头）、洋号（军号）、洋柿子（西红柿）、洋袜子（机织袜）、洋码子（阿拉伯数字或拉丁字母）。

用“大”作词头的词，如：大胖胖（比较胖）、大粗粗（比较粗）、大沉沉（比较沉）、大过年（正值过年）。

词尾用“乎”的词，如：胖乎乎（较胖）、挺胖乎儿（胖）、冈烂乎儿（很烂）、挺胎乎儿（较软）、冈沉乎儿（较沉）。

前加“丁”字的单音节形容词重叠，表示程度“很”，如：丁薄薄儿（很薄）、丁矮矮儿（很矮）、丁窄窄儿（很窄）、丁细细儿（很细）、丁浅浅儿（很浅）、丁短短儿（很短）、丁瘦瘦儿（很瘦）、丁近近儿（很近）、丁轻轻儿（很轻）、丁点点儿（很小）。

双音节形容词重叠，表示非常或特别的意思，如：焦酸焦酸（很酸）、烘黑烘黑（很黑）、梆硬梆硬（很硬）、齁咸齁咸（很咸）。

四字格形式的方言成语，如：拾拾掇掇（收拾）、半半鲁鲁（没完成）、抻抻和和（犹豫不定）、凑凑付付（欠认真）、一窝一块（自家人）。

谚语

气象谚语

一九二九不出手；三九四九冰上走；五九六九顺河看柳；七九六十三，路上行人把衣宽；八九七十二，赶着牲口去耙地儿；九九八十一，家里做饭坡里吃；九尽杨花开；九九加一九，耕牛遍地走。

一百五，柳条离了骨。

冷在三九，热在中伏。

打了春，别欢喜，还有四十天冷天气。

腊七腊八，冻煞叫花儿。

二八月，乱穿衣。

九月九，盼十三，十三不下一冬干。

不怕初一、十五下，单怕初二、十六阴。

春打六九头，穷汉子不用愁；春打五九尾，穷汉子撅着嘴。

八月十五下一阵，旱到来年五月尽。

早晨烧，晚上浇。

打了春的雪，狗也撵不上。

清明断雪，谷雨断霜。

一百五，燕子来到青州府。

大雪不封地，不过三两日。

春刮东南夏刮北，六月里西风等不到黑。

立了秋，哪里下雨哪里收。

八月十五云遮月，正月十五雪打灯。

事理谚语

家有千口，主事一人。

勤上坡，懒赶集，闲着往墙上猛多泥。

三个能干的，不如一个会算的。

窑匠怕瞅，木匠怕摸。

有再一再二，没有再三再四。

常磨的刀快，常闲的人懒。

家不和，外人欺。

饥时给一口，强似饱时给一斗。

生产谚语

清明蜀黍谷雨谷。

头伏萝卜末伏菜。

白露麦，不用粪。

白露早，寒露迟，秋分种麦正宜时。

麦子不怕草，就怕坷垃咬。

茬口倒顺，强似上粪。

麦耩黄泉谷露天。

稀谷密蜀黍，到老不直立。

冷粪果木热粪菜，生粪上地连根坏。

深耕加一寸，顶上一茬粪。

蚕老一时，麦熟一晌。

枣树开花，麦子还家。

立秋种，处暑栽，过了小雪拔白菜。

七月核桃八月梨，九月柿子乱赶集。

能做人下人，不栽树下树。

长木匠，短铁匠，粗粗拉拉是石匠。

生活谚语

勤是摇钱树，俭是聚宝盆。

种花不如栽树，养鸟不如喂鸡。

吃不穷，穿不穷，算计不到就受穷。

树杈要从小剪，孩子要从小管。

宁可饿肚肠，不叫人家指脊梁。

宁吃鲜桃一口，不吃烂杏一筐。

捂捂盖盖脸发黄，风吹日晒身体强。

想要吃好饭，需拿汗来换。

子不嫌母丑，狗不嫌家贫。

生处不嫌地面苦。

艺文杂记

玲珑山、白驹谷、南阳河、井塘古村落，风景秀绝，历史悠久。古往今来，许多真人奇事、逸士轶闻、民间演唱、风俗民情，在文人笔下或为诗词歌赋，或为散文传说，或为宣卷唱词，辑录部分作品，以记井塘，以飨读者。

◉ 诗歌

南洋河即事

〔宋〕黄庶[①]

芳菲已去绝音尘，临水踟蹰景又新。
应是溪源来最远，落花流水洞中春。

和元伯中伏夜雨南洋河水泛

〔宋〕黄庶

雨洗三齐中伏月，乖龙连夜起云门。
溪声斗似银河落，惊断诗书一梦魂。

登北峰山

〔明〕冯士衡[②]

春游兴不浅，结伴觅名山。
曲径缘峰转，悬崖借树攀。
花香依客袂，草色映禅关。
何似岩栖鸟，悠悠任往还。

题笔峰山

〔清〕邱怡山

绝顶登临四望通，孤峰高耸接苍穹。
村烟万井凝风外，峦岫千重入画中。
俯视青齐城郭小，仰观宇宙海天空。

---

① 黄庶，字亚夫，晚号青社，江西修水人。北宋庆历二年（1042）进士，皇祐五年（1053）任青州通判。黄庭坚之父，以诗文名世。《南洋河即事》录自明嘉靖《青州府志》。

② 冯士衡，字子平，号宗远，明末益都人，冯珣之子，大学士冯溥之父，官至孝丰知县。有《云镜阁遗诗》。

狂吟欲觅惊人句，几度踌躇忆谢公。

和邱怡山题笔峰山诗

〔清〕钟世楷[①]

凌霄殿宇点尘空，喜得游人意兴同。
舞蹈平临千仞上，笙歌只在五云中。
开樽时落经霜叶，拂面频来过涧风。
欢醉不知天欲晚，青峰半挂夕阳红。

游玲珑山

〔清〕王心清[②]

青州山势胜于水，云门驼髣鼎相峙。
年来载酒几登游，玲珑一山空在耳。
己未之岁月维夏，同人相邀当闲暇。
路入深谷何委蛇，古木流泉递相迓。
突有一峰势郁怒，苍翠濛濛众山护。
正如逸士爱深幽，等闲不教人把晤。
分明相近一何远，到此谁惜足重茧。
扪萝寻迳陟山巅，四望胸怀顿开展。
近峰远嶂抱重重，龙山凤山皆茏嵸。
一览尽入儿孙列，谁为主者此其宗。
更向山腰探石洞，元始腹裹皆虚空。
一洞瞥见山后田，一洞旁窥日光送。
一洞通明大如井，仰见青天身在瓮。
井口飞石俨下垂，雨打风摇悬不动。
复有一洞幽且黑，沉沉疑有龙蛇逼。

① 钟世楷，号柳谷，清代益都人，钟羽正后裔，工诗，有《玉山诗抄》。

② 王心清，字澄源，清乾隆乙亥举人，任蓬莱县教谕，著有《竹堂诗稿》《雪鸿》《渑水》等。《游玲珑山》录自《百壶斋拾遗》。

孔窍绝无斧凿痕，咄咄神工哪可测。
出洞怪石纷当门，狰狞势如熊虎蹲。
峭壁千尺挂苍松，奇峰百丈出层云。
此山若移郡城侧，未许云门称昆弟。
乃知山亦有不幸，人生显晦何须论。
开榼且复倾大爵，促膝松荫共斟樽。
夕阳催我下山来，回首烟峦叹孤削。

过玲珑山吴隐之草堂

〔清〕刘耆定[①]

欲为岱岳游，玲珑乃其路。路旁多烟霞，旋与谷口遇。
揖我入其门，松竹纷无数。渐闻桔槔声，缘畦种芳芋。
浓荫笼古巢，草阁栖寒露。四壁悬琴书，笔床翰墨具。
亭午醉村醪，携我穿云雾。高啸倚岩阿，顷刻成一赋。
即命贮奚囊，杖策过古渡。指点麋鹿群，还家日已暮。
与我共徜徉，嚣然无所慕。人是琴高流，诗得江山助。
忘形共忘情，大得天然趣。悔我向平心，愿傍此山住。

笔架山

〔清〕孙文楷

山字匀排笔架同，居然灵意自天钟。
谁携燕许如椽笔，画月归来搁碧峰。

---

① 刘耆定，字功尔，号茅亭，益都城里人，清诸生，有《茅亭诗钞》。《过玲珑山吴隐之草堂》录自《百壶斋拾遗》。

除夕竹枝词

〔清〕孙文楷

一

爆竹声喧闹比邻，小儿胆怯费呻吟。
窃来慈母烧香火，掩户偷看滴滴金。

二

花朵匀排一径斜，忽看火树吐奇葩。
春兰秋菊空中现，当得仙家顷刻花。

三

钻天火鼠一枝红，爆竹鞭声各不同，
我爱灯火偏有趣，一轮朗月忽腾空。

四

分与儿童守岁钱，呼卢唤稚坐团圆。
哪知牢守终无益，听到鸡声失旧年。

观北峰山郑道昭摩崖

高启云[①]

云峰众山秀，书法一代宗。
承前启后河，伟哉树新风。

---

① 高启云（1914—1988），山东省临朐县人，早年即投身革命，中华人民共和国成立后，历任济南市委书记、山东省副省长、省委常委、省委书记等职。

玲珑山瞻拜郑道昭题刻

李子超[①]

雄冠魏碑一代风，白驹笔走似飞龙。
千年风雨神雅健，含笑青山颂有声。

散文

春上玲珑山

王庆德[②]

青州西南那绵延的群山里，一峰柱天，门开即见，如乍开的芙蓉，又似簪满珠宝的王冠，那就是我魂牵梦绕的玲珑山了。

字峪

小时候，常与伙伴们在山上挖菜，割草，也在那里嬉戏。一天，祖父指着山阴的那条谷告诉我说，这山谷叫“字峪”，里边的山崖上有大字。那时还不太识的那些大字，后来才知道那大字是了不得的，也就知道了这个叫“字峪”的谷，便是书法界无人不晓的白驹谷了。

阳春三月，走进白驹谷，李花如雪，桃花正笑，森森古木正吐着翠绿。黛黑色的石崖立在两侧，斑斑的苔藓附在石上，像鳞鳞的铠甲，显示着幽幽的岁月。

绕过十几株高大的柿树，越过几道高高的石堰，西侧的山崖赫然现出了郑道昭的擘窠书：“中岳先生荥阳郑道昭游槃之山谷也，此白驹谷。”字径逾尺，气势博大，沉着端庄，雄肆其外而又秀穆其中。当年康有为读后慨叹再三，誉之曰：“庄雅凝重，美于观望。”

立在刻石前，凝眸回望时光的隧道，似乎就仰见到英武儒雅的郑公了。

公元513年，年近花甲的郑道昭离开了光州，出任青州刺史。面对着兵荒马乱、天

① 李子超（1920—2002），山东省沂南县人，1939年参加革命工作并加入中国共产党。曾任山东省第五届、第六届政协主席、党组书记，第七届全国政协委员。

② 王庆德（1946— ），字直心，别署玲珑山人、三不斋主。山东省青州市人，曾任临朐县县长、县委书记，潍坊市委统战部部长，潍坊市政协副主席、党组副书记。系中国书法家协会会员、山东省书法家协会理事、山东画院艺术顾问、山东省作家协会会员、潍坊书法家协会名誉主席。

灾频仍的青州，郑公励精图治，不久便出现了升平的气象。政通人和了，郑公也就常常出来看看风光，既体察民情，也释了案牍劳形。山水旷野，郑公皆爱而抚之，对玲珑山则更是情有独钟了。

玲珑山又名北峰山、石膏山，是殷代逄伯陵氏的封地。山上建有逄公祠，汉元帝就曾派近臣前来御祭过。晚年的郑道昭深爱老庄，看看玲珑山，拜拜逄公祠，与道人谈谈玄学，这对他来说，是畅心而乐为的事。山顶通天洞的石壁上，郑公题刻了“荥阳郑道昭白云堂解易老也”。看了这幅刻石，也就窥见了郑公游玲珑山的志趣了。

匆匆就是三年。郑公调京城洛阳任秘书监，加平南将军。回首宦海的沉浮，郑公对仕途已是十分淡泊，而这玲珑山是他释易解老的佳处，自然有着几分眷恋，便携了书童，来与玲珑山作别。他缓缓地走在山坡上，看山，山峻；看树，树美；就是那黑油油的山土，也感到了分外的亲切。

天黑了，就宿在逄公祠。道长磨墨抻纸，请这一州之长、大名鼎鼎的书法家题字留念。郑公凝神静思了片刻，提笔濡墨，抑扬顿挫，把对玲珑山的情和意倾在了笔端。道长诚惶诚恐地接了，恭恭敬敬地刻在这白驹谷的石崖上，这山谷也就名之曰“字峪”了。

诗经有言：“皎皎白驹，在彼空谷。”如今，白驹已经远去，这谷也就真的成为空空的山谷了吗?

郑公的法书影响着后人，更滋润着玲珑山的周围。这里虽不说人人皆儒、家家墨香，但读书习字，千百年来蔚成风气，对书法更是有些偏爱。有人就搜集了二十世纪名家法书刻在了这白驹谷，林林总总，约有百幅，真草隶篆行，五体皆备，恭列于郑公刻石的周围。

子曰：“为政以德。”字亦复如是，因此才有了这群星拱月的景象。

极顶

白驹谷的上端是神泉，泉口由一块整石凿成，岁月把它打磨得光亮，层层的绿苔萦绕在周围，晶莹清澈的泉水四季不涸，淙淙而下，掬一口襟怀若涤，神悦心清。

过神泉，经“荥阳郑道昭解衣冠处”，登上高岗，俯视白驹谷，郑公刻石及近人的书作在苍茫的树石间隐约可见。

南上是层层的石阶，如一道天梯铺了下来。仰看山峰，四面壁立，危石峭拔，算得上境幽景异。天梯虽高，有梯可登，幽异之景，不可复得，相鼓舞而上，越三百级台阶，就坐在岭脊上了。

这岭，西连鸡冠山，正午的日光下，鸡冠峰上浮动着春的烟霞。凝视久了，遥遥地，就听到了鸡鸣，寂寞而悠长。

从岭脊东上是玲珑山的主峰。这主峰如一尊巨石，卡天门和南天门又把这尊巨石二分为三，远远望去，犹如书案上的一个笔架，典雅而又惟妙惟肖。攀过了累累巨石，就登上了玲珑主峰。这峰，势险，石奇，洞幽，四面绝壁，直插到云天里去。缘石登上极顶，顶方不过三丈，平坦如塬。山草匍匐在石崖上，破石而出的杂树，曲折而坚韧地靠在石壁上。

轻轻地走在这小小的塬上，天风呼啸，如振羽凌空。不可喧哗，怕惊了云霓。颤颤巍巍地直起身来，极目瞭望，天地间，玲珑峰顶耸在了正中，环峰的群山皆拱了手来谒玲珑。

高矗在这峰顶的“瑶池”，是一座无梁建筑，巍峨可观，可惜琉璃瓦已经飞走，王母娘娘也已经去了。祠外四、五幢断碑载着岁月，静静地卧在草丛里，荒寒了一点，倒给人一种凄清的韵味。若讲排场，是需要金碧辉煌，如果是要体味一种情感，这凄清倒别有一番滋味了。西侧是玉皇顶，顶平如砥，惜无路可攀。康乾时，南天门上筑有一桥，可从玲珑顶达玉皇顶，惜南天门早已倾圮，只有墙基还呆呆地立在那里，似乎是在诉说着过去那如虹的辉煌。

玄洞

走下极顶，出南天门，是天池。天池中有巨石，曰“飞来石”，那飞来溅落的姿态，会让人倒退半步，担心溅起的水珠打湿衣衫。这“飞来石”厚厚的、圆圆的，如鼓。史书上说玲珑山有石鼓，乱年自鸣。元人著的《齐乘》上说，石鼓已不见。可如今让人疑心这“飞来石”，就是那石鼓，只是时逢盛世，也就不自鸣了而已。

天池的东南，巨石叠摞，耸在云际，顶端一石如从天降下，似乎还没有落稳，正在随风晃动，只有那天地造化才能臻于此境。静静地驻足看了，冥冥里觉得这飞来石当是女娲补天所遗，藏在了这青峰的一侧。仔细看那斑斑石纹，如天书，感觉里似乎这就是刻了《情僧录》的那块石头。后退了几步再看，这石与那层层的底座连在一起，又像是一座塔，在斜照里闪着熠熠的光，也许是李靖把手中的塔放在这里了吧！

说这是李靖那塔，是看了牛腿洞突发奇想的。这洞的正中伸下一石，酷似牛腿。大概是老子骑了青牛路过此山时，一条牛腿陷在洞里，化而为石的。那李天王看见老子与青牛停在这里，便来谈经论道，也就把宝塔放在一边了。

从峰之阳进牛腿洞，曲曲折折，眼前一亮，竟到了峰之阴。走出洞来，看那长寿洞、串心洞、通天洞，参差而列，洞与洞又上下相通，前后串联，如七窍玲珑。

走在观音洞里，重叠往复，幽深无限，一转弯，透来一道亮光，又走了几步，豁然开朗，不经意间，又回到了峰之阳。那洞口就在绝壁上，不可上，亦不能下，只得囿于洞内，管窥南山。这南山，一望如雪，那满山的杏花，散如点粉，片如卧云，朦朦胧胧，袅袅蔼蔼，如往昔的岁月，又似清代王原祁的那幅《春晓图》，只是尺幅大了点，否则，早就让人携去张挂在书房里了。

晚照

迎了夕阳下山，回望主峰，晚霞点染，紫光微微，一只苍鹰盘旋在山崖间，几只红喙老鸹飞归岩巢，老乡正荷锄下山，炊烟也从谷中升了起来。

走出白驹谷，一轮圆月悬在了山峰的上空；星星一颗、两颗，亮在了天际；灯火三盏、五盏嵌在了岭上，隐在了深谷。在朦胧里回望，山高月小，一片清泠。

玲珑山不是八面玲珑，只是孤巉的一峰。这峰，壁立千仞，无邪无欲，轩昂的器宇直逼青天。望着这峰，激情难抑，直令人掉头欲返。

柿子杂忆

王庆德

家乡青州玲珑山有柿子。

柿子树不畏严寒又耐瘠薄，即使立在山坡上，那裸露的根就像龙爪，死死地抓住石头，依然干壮叶茂，寿可延百年千年。那伞形的冠，茁壮的干，远远望去，既有松树的气概，又不失那杨柳的婀娜。

春天，心形的绿叶里几乎看不见它的花蕊，坐下的果实也是绿绿地隐在叶子里，不愿夸耀自己，直到秋天叶子变成金黄，果实红了起来，才朴朴实实、宁宁静静地沟通了无限。

柿谐音世、事，画家常引为题材，画《五世其昌图》《事事如意图》。艺术大师齐白石就画过一幅，上面五个大红的柿子，一只凌空的蜻蜓，五静一动，五红一黑，那韵味直让人拍案叫绝。普通的柿子，经文人点化便登了大雅之堂。

这是长大并有了闲情看书读画时才知道的，在老家时，就知道如何吃柿子。

柿子是有多种吃法的。

烧柿子

上中学时，放了秋假，便到生产队干活挣工分。跟半劳力感到屈才，不甘心，跟整劳力又有点巴结，我找了生产小组长，想跟整劳力，他同意了。整劳力一天记十分工，给我八分，八分也高兴。寒露一过，就让我天天下午当“火头军”，烧柿子。我挑那大萼平头，又植在向阳处的柿子树，三下两下爬上去，拨开金黄的叶子，摘下通红的柿子。这时黄烟的叶子已经烤完，但烟秸还立在田里。烟秸是鲜的，拔来当炉条不会烧断，立起两块石头，排上烟秸，便是炉子。柿子像红红的小馒头，齐齐地摆在烟秆上，拖来玉米秸作烧柴，火柴一划，炉内火光熊熊，那烟就在田间升起，慢慢沿山坡越过了山头，就像一缕幽雅而古老的光照。柿子的底部变黑变焦了，顶部还是红的，中间的部分红黑相间，且过渡自然。如经画家描绘又是一幅鲜见的画图了，可惜我不会。这时我迅速地把柿子一个个地翻过来，红红的“小馒头”变成了黑乎乎的一片。火仍在毕毕剥剥地烧着，那白色的卤汁就从柿子里吱吱地冒了出来，滴在火里，嗤嗤地响着。柿子的皮焦了，也就快熟了。把烟秸一抽，柿子纷纷落入炉内，用火灰埋起来，提一桶山泉水放在炉边，跑到田埂上吆喝一声 :“柿子熟了——！”喊声还在山谷中回荡，正在干活的叔叔伯伯就放下镢头朝我跑来。

我从火灰中把柿子扒出来，通体焦黑的柿子滴着卤汁，透着香甜。拿起来放在清泉水里一蘸，左手提着柿蒂，右手一捋，焦皮一齐脱落，柿子变成了酱红。一个个歪了头吸溜吸溜地吃着，嘴里是烫的，心里却是甜的。

柿子吃完了，便坐在田头上休息说笑，盼天下雨，望地生财。生产小组长那袋烟抽完了，便道 :“说话说不了饭来，再干吧！”大家说笑着又抡起了镢头。

我打扫完“战场”，便以田埂为枕，仰面朝天一躺，那天格外蓝，那云也格外白了，树上的鸟儿快乐地鸣唱，我学着鸟儿的啼啭打起了胡哨，似乎比那鸟儿还要高兴。

后来，我进了城，一年秋天回家看望二老，母亲特意到坡里摘来柿子，就着烧火做饭，在锅底下给我烧了出来，一边剥着焦黑的皮，一边说 :“漤柿子来不及了，烧几个给你吃，这是一年一回的东西。”

漤柿子

说起漤柿子，我就想起了儿时。

那时看到树上的柿子红了，便跟在母亲身后要漤柿子。母亲拗不过，提了篮子到树上去摘，顺路捋上桃叶、桑叶，进得家来就说："这就给你漤柿子。"用桃核尖在柿子上啄几下，放在锅里，再放上黄黄的桑叶，紫红的桃叶，用水将柿子漫起，加温。锅内的热气氤氲缓升的时候，将火焰压住。火将熄未熄，水就半温不开着。夜间母亲总要起来照料几遍，或续柴，或翻动。开始我还亦步亦趋地跟在后边，后来便入了梦乡。

早晨醒来，柿子已从锅内捞出，桃核刺的小点开了紫色的花，小点与小点间连起了紫黑的线，斑斑驳驳，古色古香。我迫不及待地抓起一个来，摘去小萼，一掰两开，里边的籽紧紧地靠在一起，咬一口是脆的，甜的。母亲笑着，嗔一句："就知道吃！"拿手指轻轻点一下我的额头。

我问母亲，为什么用温水泡上一夜就不涩了。母亲说漤了就不涩了。我又问怎么漤了就不涩了，母亲笑了，笑我无知，笑我打破砂锅纹（问）到底。

柿饼子

"七月里核桃八月梨，九月里柿子去赶集。"古历九月，地上的黄花映衬着白云蓝天，一场严霜，柿叶飘落了，那一个个挂在树上的柿子像满天的星星，又似节日的灯笼。

到了收摘的时节了。

竖上高高的梯子，从树上一个个把柿子摘下，把柿蒂削平。刮柿子皮的刮子用木做托，内侧箍一钢片，略呈弧形。母亲右手握住刮子，左手拿起柿子，那柿子在刮子底下一旋，我还看不清动作的次序，一个柿子的皮就完完整整、厚薄均匀地脱落下来，提起来足有半米多长。我常拿了柿皮作鞭子，但只是玩耍而已，不能打牛羊，因为柿皮脆嫩，一甩就断。

柿子去了皮就变成了"荞馏"，整齐地摆在高粱秸的箔上。这时村头、场院、天井到处是一片一片的金黄。晒上三五个日头，在一片夕阳里，从箔上收下来堆在一起，覆上棉被，约两个钟头，摸摸"荞馏"出汗了，便沐浴更衣，用手一个个把里边立着的籽捏倒，叫倒籽。圆圆的"荞馏"扁平了。再晒三五日，收起，覆被，再捏，"荞馏"成饼状了，颜色也由金黄渐渐变成了暗红，且透着油性。

随着阵阵西风，柿饼下箔了。父亲搬来陶瓮，一层柿饼，一层柿皮，直到把瓮排满。一个多月，柿皮的边缘就长满了白色的霜，那柿饼也由暗红变为雪白。拿出来咬一口，那柿霜的爽，柿饼的甜，在齿颊上久久滞留，回味无穷。

春节到了，母亲把柿饼切成条，在沸油中一过，在垫子上晾干，每人分给一把，那香、那甜、那脆，时过四十多年，想起来还口中生津，吞咽不止。

柿子煎饼

每年柿子下树，外祖母都挑个大色红的柿子，留出十几斤，在荆条筐内铺上干净的山草，把柿子一个一个排在筐内，放在高高的南墙头上。风吹日晒，露浸霜打，雨淋雪盖，柿子慢慢变软，熟透了。那柿子皮如红绡，瓤似玛瑙，望了去，不能不馋。

腊月里，我到外祖母家去，外祖母搬来梯子，扶我爬上高高的南墙头。我用手拂去筐上的积雪，从筐里一个个把熟透了的柿子轻轻地拣起，递给外祖母。

外祖母拿了那筐柿子走进厨房，抱来柴火，放下鏊子，先把玉米糊摊在鏊子上，然后再把柿子均匀地敷在上边，黄黄的煎饼变成了深红。烤熟，烙干，从鏊子上揭下来，递给蹲在鏊子旁的我，咬一口酥脆、甘甜。

这柿子煎饼是粗糙了一点，厚薄也不均匀，但没有防腐剂，没有人造色素，没有加糖，它是纯天然的，用一句时髦的话，它是纯正的绿色食品。

在如今人们羡慕绿色食品有点望眼欲穿的时候，我的童年是在不经意间天天绿色着，想想，很幸福。

◉ 歌谣

五棵桃树

一棵桃树满天云，俺跟师傅进佛门，进来佛门同修炼，不要回头恋红尘。
两棵桃树开得白，俺留师傅这一回，千留万留留不下，经卷佛法俺为身。
三棵桃树开得红，俺同师傅这一层，去时踩着泥和水，回来俺踩着冻冻凌。
四棵桃树开得黄，俺跟师傅进经堂，进来经堂见老母，老母就是俺母娘。
五棵桃树叶儿尖，俺同师傅上高山，上去高山香火会，香火会上得团圆。
念到这里佛为满，念上弥陀保周全。

珍珠倒卷帘（十二个月翻花）

孙全道整理

正月里来什么花人人爱戴？什么人手拉手走下山来？
二月里来什么花就地盘顿墩？什么人背书箱游满乾坤？

三月里来什么花满园红？什么人在桃园结拜弟兄？
四月里来什么花蟠龙上架？什么人去进瓜死里逃生？
五月里来什么花金星落地？什么人在磨房多受苦情？
六月里来什么花喧喧嚷嚷？什么人做高酒醉死刘伶？
七月里来什么花单鞭独立？什么人执钢鞭打死奸佞？
八月里来什么花满园白了？什么人披白袍跨马征东？
九月里来什么花满园黄了？什么人舍金钗大转皇宫？
十月里来什么花严霜打死？什么人送寒衣哭倒长城？
十一月里来什么花飘飘摇摇？什么人去摸鱼孝顺他娘？
十二月里来什么花佛前高挂？什么人上天堂朝见玉皇？
十三月来是闰月年，听我把花儿来翻一翻。
十二月里是灯笼花佛前高挂，张灶王上天堂朝见玉皇。
十一月里小雪花飘飘摇摇，有王祥去摸鱼孝顺他娘。
十月里扁豆花严霜打死，孟姜女送寒衣哭倒长城。
九月里山菊花满园黄了，李翠莲舍金钗大转皇宫。
八月里桂花满园白了，有薛礼披白袍跨马征东。
七月里芝麻花单鞭独立，呼敬德执钢鞭打死奸佞。
六月里黍子花喧喧嚷嚷，有杜康做高酒醉死刘伶。
五月里麦子花金星落，李三娘在磨房多受苦情。
四月里黄瓜花蟠龙上架，有刘全去进瓜死里逃生。
三月里是桃花满园红了，刘关张在桃园结拜弟兄。
二月里老翁花白头先老，孔圣人背书箱游满乾坤。
正月里迎春花人人爱戴，梁山伯祝英台同下山来。

赵美蓉赶考

孙全道整理

正月里来是严冬，女扮男装赵美蓉。一来赶考二吊孝，三达东京汴梁城。
二月里来百草生，嘱咐嫂嫂卢凤英。你到南牢去送饭，梳洗打扮快登程。
三月里来是清明，埋怨爹爹老赵洪，门婿打在南牢里，逃走了女儿赵美蓉。

四月里来麦子黄，赵美蓉赶考在路上。紧走慢走走不动，好不难煞俺女娥黄。

五月里五端阳，赵美蓉赶考要过江。脱鞋撒袜江难过，好不难煞俺女娇娘。

六月里来三伏天，赵美蓉赶考进东关。进去东关朝里望，会会同窗与同年。

七月里来秋风凉，赵美蓉赶考犯思量。南牢有个好和歹，瞎了俺为奴的好心肠。

八月里来月明圆，手拿卷子往上传。三传两传传上去，不知道哪家点状元。

九月里来九重阳，五凤楼前贴皇榜。头名状元孙清泗，二名榜眼孙清章。

十月里来十月一，报马报到娘家里，爹爹一见心害怕，不知道哪家刮来的。

十一月来整半冬，赵美蓉赶考出了京。人马带的有多少，盔缨耀得满天红。

十二月来整一年，赵美蓉赶考把家还。南牢提出孙清泗，一家人儿得团圆。

九九消寒图

吴延法整理

一九里，天气寒，刘备、关、张去访贤，顾茅庐三次他才得相见。

二九里，雪花飞，孟浩然踏雪去寻梅，驴不走又使那鞭儿来催。

三九里，严冷天，鞭打芦花闵子骞，写休书又把那妻儿来断。

四九里，水成冰，绣花楼哭坏了祝九红，香山窑里又有那同学攻。

五九里，萌芽生，赵霞捎信给裴相公，二人去传情。

六九里，绽雪梅，阮英月月将人催，过新年啊又是长一岁。

七九里，是新春，鸳鸯戏水配成婚，愿小姐一诺值千金。

八九里，春风和，牧童儿只在那山头上卧，听了樵歌听牧歌。

九九里，艳阳天，俏佳人又把那风流人看，几句话儿藏心间。

画扇面

孙好忠整理

天津城西杨柳青，出了个美女白俊英。专学丹青会画画，俏佳人，十九冬，丈夫南学苦用功，眼看着来到了四月中。

四月立夏少寒风，白俊英在房中好似笼蒸。手拿扇面仔细看，高丽纸，白生生，油漆股子血耷拉红，扇面以上缺少工程。

头一座城池先画北京，九门九关甚是威风。画上紫禁城一座，画六院，画三宫，金銮宝殿画朝廷，八大朝臣列摆西东。

二处关东画胜景，老将军断主才得安宁。东沟反了宋三号，秦大人，率领兵，众位英雄上东征，东沟人民才得太平。

手拿扇面默默看，小佳人越看越不稀罕。虽然城池画得好，读书人，用眼观，耻笑奴的礼不端，忠孝节义不大周全。

忽然想起画上忠良，杨家的父子保过宋王。铁面无私包文正，闻太师，回朝纲，不怕死的孙伯阳，三上金殿又见君王。

三处画上义气男，单雄信访友在河南。黄面好似秦叔宝，为朋友，心里酸。石秀杀嫂上梁山，俞伯牙访友马鞍山前。

四处节烈女娇流，李三娘打水终日忧愁。进磨房哭得实难受，王三姐，抛彩球，张颜休妻白玉楼，秦雪梅吊孝名过千秋。

五处画上贤孝男，钟子期打柴不愿做官。白猿偷桃天书现，小陈杰，死华山。吴汉杀妻在潼关，带领着人马又去访贤。

忠孝节义全画完，白俊英自己留神观看。画完半面闲半面，细思想，暗心惭。八出小戏画后边，兑上点颜色甚是新鲜。

头一出戏画上走雪山，哭坏了小姐曹玉莲。晏子曹福活冻死，又来了，中八仙，迎接曹福上西天，小姐哭得实是可叹。

二出戏，画银钗，姜秋莲出门泪流满腮。李春发送友东郊外，舍钱粮，就走开。一朵鲜花他不采，有一片好心仗义疏财。

三出戏画上朱春登，莫养眷舍饭要去修行。婆媳寻查来讨饭，赵氏女，进芦棚，夫妻见面泪盈盈，龙抓时刻谁不知情。

四出戏画上二进宫，李艳妃宫院躲驾巢笼。国家倒有忠良将，徐千岁，把气生，黑虎龙锤举在手中，杨四郎保国苦苦又尽忠。

五出戏，画得更精，画了个和尚名叫唐僧。行走路遥无底洞，猪八戒，更稀松，打仗全凭孙悟空，凌霄殿告状又请天兵。

六出戏画上魏蜀吴，刘关张访贤三顾茅庐。请了个先生诸葛亮，借荆州昧东吴，周瑜设宴请皇叔，怒摔碎竹节令箭再出。

七出戏画上五雷阵，孙膑双拐无人敌。王翦下山平六国，打茅碑，九雄威，孙膑阵中灵魂昏，多亏了遒丹金眼毛遂。

八出戏画上洪州城，杨宗保回朝又去搬兵。有人摆下无名阵，萧天佐，猛英雄，来了元帅穆桂英，杀退了反贼救出了国公。

一个扇面全画完，单等丈夫全了篇。金榜题名身为贵，得头名，文状元，耀祖光宗做高官，大家快乐福寿双全。

◉ 传说故事

丫鬟井的传说

传说现在古井南边 100 多米西侧有一口井，是仪宾府最早使用的井。一天早上，仪宾府的丫鬟到井边洗衣服时，看到井口有一朵非常鲜艳的红花，便伸手去采，不慎掉到井里，等到有人发现去打捞的时候，丫鬟早已死亡。为使冤魂永不能出井投生，人们便用口铁锅盖住井口，用土掩埋，从此人称“丫鬟井”。这口井弃用之后，又重新打了一口井，即现在的古井。在“丫鬟井”边，后有村民盖屋，据说汛期时井里还有水冒出或有水汽冒出。1958 年，因村中大旱，村干部曾带领村民寻找这口废弃的井。

夫妻槐的传说

夫妻槐位于张家大院场院南边崖头上，主根裸露在崖下边的石墙里，侧根盘错，扎进崖的上边。原为一根两树，枝繁叶茂，夏季浓荫蔽日，村民多在此乘凉品茶。

夫妻槐（2018 年）　　吴延凤　摄

传说衡王的三郡主下嫁井塘吴仪宾之后，夫妻两人亲亲热热，和和睦睦，相敬如宾，日子过得有滋有味。时间长了，夫妻之间免不了动手动脚，打打逗逗，不拿开玩笑当回事了。一天夜里，小两口在床上说笑话。三郡主说俺是金枝玉叶，倒叫穷打柴的拣了便宜。吴仪宾说穷打柴的咋啦？你家老祖宗朱洪武还放过牛呢？三郡主使小性儿，听这话恼得粉脸通红。无意中的玩笑，惹恼了这位金枝玉叶的三郡主。她回衡王府时候就告诉母亲说："庄户小子看不起我，说我虽是金枝玉叶，和庄户人家没有两样。"又激怒了王妃，晚上她将女儿的话告诉了衡王。王爷大怒，命管家带兵去井塘仪宾府问罪。路上管家思忖，责打轻了，姑娘出不了气，责打重了，王爷怪罪下来，自己吃罪不起，真是左右为难。边走边想，忽然问道："你这玩笑话在什么地方说的？"三郡主说在床上说的。管家有了主意，说："床上无大小，在床上什么话也可以说，什么事也可以做，家丑不可外扬，不要让人笑话。你俩很可能是命里该有这一段纠葛，你们找一棵槐树，让槐神爷给你们说和说和就好了。"管家带上供品、香纸，来到这棵槐树前上香摆供，夫妻俩跪拜后发纸、奠酒，表现得非常虔诚，整个仪式举行得非常隆重。自此以后，夫妻二人和好如初。从此就留下了小夫妻拜槐爷的美丽佳话。

凤凰山的传说

相传很久以前，在井塘古村西北面的山脚下住着兄妹两人，哥哥叫春生，妹妹叫秋姑。父母临死时给他们三亩租田、一间破草房，兄

凤凰山（2018 年）

妹俩起五更落半夜地耕种着这块田，总想多打点粮食。可是秋天谷子刚熟，财主就收租来了。交了租子，剩下的粮食就不够吃。兄妹俩只好喝汤吃粥苦挨苦熬地过日子。

李宁 摄

有一年大年三十，有钱的财主家满桌摆着鸡鸭鱼肉。春生家呢，只剩一小盅米。秋姑就煮了一碗稀粥给哥哥吃。兄妹俩你推我让，谁也不肯喝。这时候，鹅毛大雪漫天飞舞，北风呼啦啦地吼得怕人。风雪里来了个求乞的老婆婆。她头发斑白，衣衫褴褛，拄着一根拐杖，一步一颠地，边走边叫："北风天哪，白雪地哟！善心的人啊，可怜可怜我老太婆吧！"这沙哑的声音传进了破草房，兄妹俩听得清清楚楚。急忙开门出去，把老婆婆扶进屋子。秋姑忙着给她掸落身上的雪花，春生端起那碗推让了半天的稀饭给她喝。

老婆婆在他们家宿了一夜。第二天，雪停了，天也晴了。她起身告别，临走时，拿出一块白绫送给秋姑，说："姑娘，用你灵巧的双手把这块白绫绣起来吧，幸福注定是给勤劳善良的人的。"秋姑接过来一看，只见那白绫上淡淡描着一只凤凰。于是，秋姑白天黑夜地绣着这幅白绫。她用红色的丝线绣凤头，用黑色的丝线绣凤眼，用金色的丝线绣凤翼，用五彩的丝线绣凤尾。绣花针刺破了她的手指，鲜血染在白绫上，她就在上面绣起火红的太阳和朵朵云彩。她从立春绣到立夏，终于把凤凰绣好了。这幅凤凰图真美呀，那凤凰仰着头，朝着天上火红的太阳，就像活的一样。兄妹俩把它挂在屋子里，越看越高兴，越看越喜爱。晚上，奇怪的事情发生了。秋姑半夜醒来，见屋子里一片金光，仔细一看，那凤凰从图上下来了。她就把哥哥叫醒，兄妹俩静静地看着。只见凤凰在屋子里走了几个圈，又回到那幅白绫上去，金光也随之消失了。

第二天早晨，秋姑起来扫地，在地上捡到一个金凤蛋。兄妹俩就把它卖掉，买了几亩田和一头黄牛。好事传千里，这凤凰图的事像一阵风似地传到了县官的耳朵里。县官心想：这图上的凤凰能生金蛋，真是一件奇珍异宝，一定要把它弄到手！于是，他就把春生传来，说："老爷抬举你，愿意出三百两银子买你的凤凰图。"春生回答说："凤凰图是我妹妹费了很多心血才绣成的，我们不卖！"县官听了，脸一沉，把惊堂木一拍，说："这分明是皇上的宝物，穷人家哪能绣得这等宝图！"不由分说，就加了个"盗窃国宝"的罪名，把春生下在牢里。一面又命衙役到春生家去抢来了凤凰图。

凤凰图一到手，县官真是得意极了。他左看右看，连饭也忘记吃，乐得呵呵大笑。晚上，他坐在太师椅上，守候凤凰下金蛋。到了深夜，凤凰图突然射出耀眼的光芒，照得满屋子金光闪亮，凤凰果然从图上下来了。他以为凤凰要生蛋，忙蹲下身子去看，哪知凤凰气势汹汹地向他扑来，没头没脑地乱啄，痛得他在地上乱滚乱喊："来人哪！救命呀！"衙役们闻声赶来，凤凰早就"哗"的一声，冲出窗户朝山上飞去了。衙役将县官从地上扶起来，只见他满脸血，左眼也被啄瞎了。

县官吃了这次亏，还不死心。他想：那姑娘既能绣出这幅凤凰图，定能再绣第二幅。于是，他就把秋姑传去，对她说，如果能重绣一幅凤凰图，便把春生放出来。秋姑为了救出哥哥，就答应了。她从县官那里拿回那块白绫，一针一针地绣了三个月，那绚丽的凤凰又绣好了，可是，留下一对凤眼没有绣。她对县官说，要先放了她哥哥，然后再给绣凤眼。县官叫衙役把春生放出来。秋姑见了哥哥，便一针绣成了凤眼。这凤凰有了眼睛，就展翅飞了下来，驮着兄妹俩飞上山顶不见了。

后来，人们就把这座山叫“凤凰山”。

飞来瓦的传说

玲珑山顶有座无梁石拱建筑，叫“瑶池”，传说屋顶上的瓦是“飞来的”。玲珑山险峻俏秀，风光优美，遍生黄花。

传说明隆庆年间（1567—1572），有个妇女一大早到山前去采黄花，忽然听到山顶隐约传来阵阵仙乐和歌声，仔细看时，山顶上白云缥缈之中，有个年长的妇人同一群穿红着绿的女子在采黄花。她觉得蹊跷，连忙攀上山顶，却连个人影也没见着，只有一朵五彩的云飘悠悠地向东飞去。她回村一说，大家猜测这一定是王母娘娘和仙女们觉得玲珑山的风景好，看中了这山上的黄花。这可是大家的福气，就在山上为她修座庙吧。消息传开，人们有钱的出钱，有物的献物。村里的吴石匠自告奋勇，主持开了工，要在三月三日以前建成，请王母娘娘到这儿开蟠桃会。

丁到第二年二月，一切都差不多了，可就是几千片瓦堆在山下，运不上来，愁坏了老石匠。一个小徒弟心急地说：“我要是能吹口法气，让瓦自己飞到山上就好了。”吴石匠听了，灵机一动。第二天，村里就传开了，说吴老石匠会念咒语，让瓦片飞起来，想落到哪里就落到哪里，他还要让山下的瓦飞上山去呢。

三月初二就是念咒飞瓦的日子，天不亮人们就纷纷赶来看稀罕。只见几个小石匠守在瓦旁，说吴老石匠在山顶上。于是，青年们急忙往山上爬，其他人也不甘落后，一时把上山的路堵个水泄不通。

眼看前面的快爬到山顶了，吴老石匠突然神仙似的出现在山顶。只见他手捻长须说道：“请乡亲们原谅，我也是肉体凡胎，哪会念什么咒语？只因山高路陡，我们人手少，怕运不上料来误了工期。今天，请乡亲们来帮个忙，把瓦一片片传上来。”

乡亲们早就想为修庙出把力，大家一边笑着一边干，不多久就把几千片琉璃瓦传上了山顶。如今提起瑶池，人们就会想起那位聪明、有技巧的吴石匠，“飞来瓦”的故事，也就一代代传下来了。

（以上传说选自孟庆刚主编《魅力井塘》）

名人与名村

井塘村钟灵毓秀，人才辈出。抗日战争、解放战争、抗美援朝时期，村中多名优秀青年踊跃报名参军，转战沙场。进入 21 世纪，叶涛、王界山、赵法生等专家学者助推井塘古村民俗旅游开发和美丽乡村建设，对井塘村产生很大影响。

◉ 村籍人物

吴光祖（1880—1941） 吴光祖出生于井塘村一个比较富裕的农民家庭，幼时读过几年私塾，头脑灵活，为人厚道，在村民中有一定的凝聚力。1925 年，土匪猖獗，抢走井塘村 800 只羊。吴光祖联合村民组成民团，垒围墙，修炮楼，买枪炮弹药，抗击土匪，保护村庄。1930 年农历四月二十日，三股土匪联合攻打井塘村，民团奋起反击，双方都有伤亡。时近中午，土匪提议讲和，并立下字据，以后永不侵犯井塘。井塘民团被益都县县长杨九五招为县大队，吴光祖为指挥。匪患平息后，吴光祖任益都县二区区长。

孙好敬（1914—1988） 井塘村第一名中共党员，出生在井塘一个贫困家庭。1942 年，孙好敬参加八路军。1944 年，他加入中国共产党，后担任益都县政府后勤司务长。1947 年，孙好敬随益都县政府转移黄连村，为县政府筹粮筹款，并随时准备与敌战斗。1949 年，益都城解放，他仍任县政府司务长，住益都县商会内，后因文化水平低，回家务农。1958 年“大跃进”期间，村村办起集体食堂，孙好敬担任井塘大队食堂司务长。后来在村里负责护林防火工作。1988 年农历腊月初十日病故。

吴延学（1918—1996） 字思敏，出生在井塘一个比较富裕的家庭，自幼聪明好学，记忆力强，从不妄语，办事果断干练，很得私塾先生赏识，读私塾时任大学长，写得一手好毛笔字。曾在济南王耀武部下任职，后辞职回乡，在益都县任国民党县党部秘书。1947 年，任国民党博兴县县长，刚上任不久，国民党溃败南撤，他弃官回家。解放后，在五里供销社任会计。1958 年，被打成“右派”，迁回井塘村受管制，被监督劳动。后村里办起副业组，他曾担任会计，直到 1978 年平反恢复名誉，调益都县副食品厂工作。20 世纪 80 年代，曾参加益都县书法比赛，获商业系统第二名。退休后住益都北关，1996 年，在井塘村故宅病故。

吴锡财（1921—1997） 出生在井塘一个贫困家庭，很小就随父亲上山打柴、卖柴以维持生计。16 岁离开家乡在外闯荡。1945 年起，先后在青岛、崂山、大连当劳工，参加劳工暴动，袭击日军炼油厂，后在大连正式入伍参加“抗联独立旅”，曾参加新开河、黑山阻击战。后加入中国人民解放军，随大军南下，入韩江、练江、东江护航大队任副队长，荣立大小战功十次，后被评为三等甲级伤残。1951 年，作为战斗英雄赴京参加国庆庆典。曾任广东省汕头市和平区公安局局长，直到离休。

孙好贤（1922—1999） 出生在井塘一个贫困家庭，兄弟二人，孙好贤排行老大，读过几年私塾。1945 年 2 月，参加益都县人民政府情报站，在石子村开展工作时，组织当地群众勇斗顽匪，解救站长王富贵脱险。同年，化装成山货商，帮助益都县大队攻打盘踞在五里堡的汉奸伪军。同年 8 月，在益都县农救会会长张福堂安排下，担任井塘村农救会会长，秘密发动群众，开展土地革命。1948 年，益都县城解放，孙好贤调益都县政府司务处工作。1949 年 5 月，调到昌潍专区经济建设处任司务长，住益都县商会内。1950 年 4 月，调山东坊子干部文化补习学校，任管理员。1955 年，分配到益都县粮食局文登粮所任所长，直到 1965 年因病回家休养。1999 年病故。

吴延晋（1930—1987） 中共党员，出生在井塘贫困家庭，幼小丧父。1951 年，参加抗美援朝应征入伍，多次受到嘉奖。复员回乡后，任井塘村民兵连连长。1959 年冬，带井塘村民工去弥河蟠龙山工地兴修益都县县级水利工程，开山打眼放炮，事事走在前头。炮响后，他只身一人查看现场，处理哑炮。还帮助其他连队装填炸药，点燃火线，教他们安全操作。吴延晋积极肯干，工作认真，被益都县政府评为优秀民兵，1960 年代表益都县参加全国民兵代表大会，受到毛泽东和朱德接见，并被奖励五六式半自动步枪一支，随身佩带，直到 1983 年年末，上缴益都县人民武装部统一保管。

吴英才（1930—2010） 出生在井塘贫困家庭，不识字，12 岁时，因歉年与家人逃荒到东北下煤窑，被迫给日本侵略军挖煤，逃走中一家人失散，吴英才靠乞讨生活。13 岁时遇到解放军部队，参军当了司号员，跟随东北野战军参加辽沈战役、淮海战役、平津战役、渡江战役等战役，屡立战功，受到嘉奖。中华人民共和国成立后，吴英才回村居住，育有五子二女。2010 年病故。

◉ 名人与井塘

郑道昭——踏访井塘第一人 郑道昭（455—516），字僖伯，自号中岳先生，北魏荥阳开封（今河南开封）人，著名书法家，魏碑体鼻祖。魏孝文帝时始为官，历任秘书郎、秘书丞兼中书侍郎、中书郎、通直散骑常侍、国子监祭酒、秘书监、荥阳邑中正，永平年间（508—512）出任光州刺史兼平东将军，后转任青州刺史三年，复入为秘书监。死后追赠镇北将军、相州刺史，谥文恭。任职期间，政务宽厚，不滥用酷刑，以教化和培养人才为己任，很受百姓拥戴。郑道昭生性闲适散逸，喜游山水，好为诗赋，尤工书法，笔力圆劲苍健，结构严谨宽博，运笔娴熟自然、气韵雄豪，有汉隶遗意，创一代书风。郑道昭留在世上的40余处题刻，在山东主要集中在青州、平度、莱州等地。在青州有3处，均在井塘村南玲珑山。

清末举人孙文楷的井塘情缘　孙文楷，字模山，号稽庵主人，晚号东田耘叟，青州城北孙家庄人，清末举人。他不图仕进，中举后便隐居田园，笔耕不辍。光绪末，继法伟堂之后，他被聘为《益都县图志》主纂。其中《金石志》三卷系出孙氏之手。他还参与了光绪《山东通志・金石志》的纂修。著作有《一笑集》《今吾诗草》等。

清咸丰十一年（1861），孙文楷15岁。这年春天，捻军自博山入益都，在金岭镇击败民团（地方武装组织）和青州驻防的旗兵，东进出境。孙文楷的族兄孙文密为抵抗捻军身亡。孙文楷之父孙鼎玉携妻带子逃往井塘村避难，得到了孙氏族人的照顾。

孙文楷于同治十二年（1873）秋天中了举人，时年27岁。孙氏阖族人为之庆祝。井塘孙氏祖茔在村东南山坳间。孙文楷等人在祖茔举行了祭奠。

井塘村南的玲珑山有北魏时期郑道昭的书法石刻。孙文楷对魏碑非常喜爱，深有研究。后孙文楷到玲珑山拓郑道昭"白驹谷题名"，住在井塘孙姓本家，赋诗《访碑宿井塘同宗家》，诗文：

步出城西门，言寻白驹谷。郑公留遗爱，摩崖字可读。
行行复行行，山重水亦复。峰回境屡变，林幽路亦曲。
忽漫逢村居，书声出茅屋。叩户且小憩，主人殊不俗。
同姓意最亲，留宾具酒肉。自言辛酉乱，曾得会同族。
地名井台村，颇限戎马足。族长率众来，当是君伯叔。
余乃恍然悟，村名耳犹熟。屈指来游者，太半登鬼簿。
惊呼惨衷肠，灯前泪簌簌。夜深劝我眠，孤馆秋气肃。
梦回月大明，清光如可掬。叶露晃千珠，花香出修竹。
不为访碑来，安得桃源宿。他日赋闲居，此间邻可卜。

叶涛与井塘民俗旅游　叶涛，1963年生于山东省费县。法学（民俗学）博士。1984年毕业于山东大学中文系，1984—2008年在山东大学任教，历任助教、讲师、副教授、教授。参与创办《民俗研究》杂志和山东大学民俗学研究所，是山东大学民俗学、中国民间文学专业的重要奠基者。曾任山东大学民俗学研究所所长、《民俗研究》杂志主编、山东大学文史哲研究院教授、博士生导师。2008年，任中国社会科学院世界宗教研究所研究员、中国社会科学院研究生院教授，博士生导师，兼任中国民俗学会会长。

叶涛、孟庆刚主编《中国井塘村——山东青州井塘村的调查与研究》《玲珑山下井塘村》（2018 年） 李伟民 摄

2003—2013 年，应青州市副市长孟庆刚邀请，叶涛带领山东大学民俗学、中国民间文学专业的师生，数十次到井塘村，对井塘村的历史文化、民俗风情、旅游开发等进行全面系统的调查与研究，指导研究生撰写以井塘村为研究对象的硕士学位论文 5 篇、博士学位论文 1 篇，与孟庆刚主编《玲珑山下井塘村》《中国井塘村——山东省青州井塘村的调查与研究》。

十余年里，叶涛还邀请中国社会科学院荣誉学部委员、国家非物质文化遗产保护工作专家委员会副主任、中国民俗学会会长刘魁立，香港中文大学历史系教授大卫，山东

叶涛（后排左三）与家人重访井塘村（2017 年） 刘小云 摄

省教育厅厅长、山东大学教授齐涛以及韩国汉城大学教授、韩国文化人类学会会长金光亿等国内外知名学者到井塘村考察调研；介绍影视单位到井塘村拍摄民俗纪录片，对井塘村的婚礼等民俗予以动态记录。

叶涛还邀请清华大学教授刘晓峰、山东工艺美术学院教授张从军、中国社会科学院文学研究所研究员施爱东、山东艺术学院教授张士闪、山东建筑大学教授姜波等带研究生到井塘村作田野调查。姜波指导的研究生撰写了以井塘村民居为研究对象的硕士学位论文。

叶涛以井塘民俗为例，在国内十余所高校和美国、日本、韩国、德国等地高校、科研机构进行学术交流，井塘民俗旅游知名度逐渐提高。

王界山情系井塘古村 井塘村以其独具代表性的石质建筑风格和乡土民风吸引中外画家到此采风写生。中国美术家协会理事、北京美术家协会副主席、青州籍画家王界山，十多次专程从北京返回家乡青州，相约画友或学生们到井塘进行创作。他痴迷于井塘的古风扑面，在一种朴素之美的情景中，生发出无限的灵感，使之创作饱含着浓浓的乡情与真情，其作品生动感人，受到美术界和广大观众的好评。2012 年 4 月下旬，王界山特邀一批国内外优秀的艺术家，相聚青州界山艺术馆，举办“中俄名家画青州美术作品展”，在画展举办之前，王界山邀请中外画家们一同走进井塘写生，其中有中国美术家协会副主席李翔，著名油画家邵亚川、邢俊勤、许向群、张鹏、关宏臣、雷洪连、李长文和俄罗斯列宾美术学院教授涅马金・亚历山大・瓦西里耶维奇，俄罗斯列宾美术学

王界山到井塘古村写生（2018 年） 孟宪涛 提供

王界山画作《井塘清风旷古今》　　　　孟宪涛　提供

院教授、院士丘德诺夫，俄罗斯列宾美术学院教授、功勋画家采青·尼基塔·维克多拉维奇等在井塘连续写生三天，创作出一批情景交融的上乘之作。2016—2017 年，王界山两次带领他所执教的清华大学美术学院中国画高级研修班的学生到井塘进行大规模的写生采风活动，作品公开发表后，受到社会各界的好评。

赵法生开办井塘儒学讲堂　赵法生，1963年生，中国社会科学院世界宗教研究所研究员、儒教研究室主任、儒教研究中心秘书长，中国人民大学孔子研究院研究员，尼山圣源书院副院长，国际儒学联合会理事，国际儒学联合会普及委员会委员等。重点研究先秦儒道思想和海外华侨的儒学传统，出版专著《原始儒家人性论》，主编《大众儒学十三经》，执行主编《儒道研究》《儒教研究》，编著《论语读本》《弟子规读本》，撰写《中国宗教学名辞典》儒教部分，曾在《中国社会科学》《哲学研究》《文史哲》《世界宗教研究》《中国哲学史》等杂志发表学术论文50多篇。

2014年5月21日上午，赵法生与青州市文明办高丽丽以及青州书院义工宋怀章、王振玲等到井塘村，与村支书孙全铭等座谈，提出在井塘村开办乡村儒学讲堂的设想，并讨论开展儒学下乡的具体计划。6月22日下午，在井塘村村委大院的教学活动中心，第一次乡村儒学开课，由赵法生给村民讲解孝道，刘井小学教导主任王林带领着十几名小学生前来听课。授课深入浅出，贴近农村实际，受到听众欢迎。2014年7月5日下午，井塘村第二次乡村儒学课开课，组织工作由两位大学生义工承担，赵法生继续讲解孝道文化，阐述父母对于孩子的恩德以及中国式家庭的特征。2014年8月2日下午，井塘乡村儒学第三次课开课，除井塘村70多名村民外，还有其他村的村民听讲。经过孝道教育，乡村儒学在井塘古村扎下根来。为做好乡村儒学教育，赵法生与青州松林书院

赵法生到井塘开办乡村儒学讲堂　　李伟民　提供

义工宋怀章、赵立波、仉振清和李玉霞等多次深入农户调查，了解村民的文化需求，以及部分孤寡老人的生活状况，并根据孔子老安少怀的仁道理想，发动社会力量捐助村里的困难老人。由于村委会活动比较多，有时与乡村儒学授课无法兼顾，村里将原旅游指挥部专门用作乡村儒学讲堂，并建立起每半月一次的固定学习制度，由青州松林书院的仉振清、王振玲等志愿讲师给村民授课。

大事纪略

井塘村地处山区，村民勤劳朴实，自古以来就有对美好生活的追求。他们以敢于担当、争创一流的精神，勇于斗争，艰苦创业，开拓进取，不断创造美好新生活，谱写历史新篇章。

◉ 1926 年井塘村民团修建围子墙

1926 年秋后，村民为抗匪护庄，以吴光祖、吴传经、吴传宝、孙麟图、吴继骞、吴继公为首，成立井塘村民团团部，推选吴光祖任团总，按人分段垒围墙。村民凑钱购买大锤、铁撬、刚锲、錾头、钳子等工具，成立石匠组，有开石头的，有运石头的，有垒墙的，历时 3 年，绕村修成一道内外两层墙、周长约 1500 米并建有 13 个炮楼的工事。炮楼分上下两层，上层铺木板，下层为人们进出村的出入口，设两扇大围子门，早晨开，晚上关门，日夜有人站岗，夜间有人打更巡逻，各条街道巷口都有用棘子编成的大寨门，户与户之间都有便道相通，外人即使进庄也无法自由通行。北围子门名为“仰斗”，东围子门名为“海晏”，南围子门名为“瞻长”，西围子门名为“泰岱”。每座炮楼子设 2 门生铁炮，备足火药、铁砂、引火线。

◉ 1930 年土匪袭扰井塘村

1930 年 5 月 18 日（农历四月二十日）凌晨 4 时许，井塘村被土匪包围。土匪有 200 余人，他们带着枪，背着刀，刀把上有红绸子，土匪头子站在东坡顶上观阵。黎明时，岗楼上的村民发现土匪围庄，立时鸣枪报警，民团立刻带武器上围墙炮楼，开始战斗。在团总吴光祖和团部的统一指挥下，村民们凭借围墙的防护进行还击，战斗持续到上午 9 点多，有人提出开北门逃离，吴继骞坚决制止，用身体挡着北门不让开门。团部立即采取措施，调整兵力，关闭各街巷口寨门，把攻进来的土匪压在村南胡同全歼。这次战斗，打死打伤土匪数十人。

井塘村有一首民谣记载此次战事：“打了井塘庄，胡子遭了殃。插了王老七，扁了窦宝章，下了王大告的枪。”村民议定该日为井塘村生日。

◉ 1947 年益都县人民政府驻井塘村

1947 年春，因形势紧张，益都县人民政府曾在井塘村办公。由于春天天旱，井塘村井水很少，吃水困难，益都县人民政府驻村月余，便迁往王坟镇胡林谷村。

1976 年建设幸福桥

1976 年，井塘村支部书记孙岳图和村党支部成员及下院村党支部书记刘传恩共同研究制定修路计划，进行分段施工。1976 年春天，开始修路基，高处挖低处填，占用各生产小队的土地，得到群众支持。

施工人员是从各生产小队挑选出的壮劳力，能推独轮车，会垒墙，待遇是每天 12 个工分。在下院河挖土，清桥基，桥基直清到河底。1975 年冬天平墓扒出的碑石被施工人员用推车陆续运到下院河工地。石匠吴广祯、孙全吉、吴永法、孙全德、吴忠昌等人按照建桥标准，用水泥、弥河沙层层往上垒，边垒墙边回填、夯实，采用立柱和土牛打拱形成桥楦。1976 年 9 月 17 日竣工，施工人员中午在工地喝豆汁吃干粮庆贺，该桥取名“幸福桥”。

幸福桥（2018 年）　　孙全铭　摄

1978 年益都县果品公司党支部书记牟纯海（左二）召开会议研究井塘扶贫事宜
孙全铭　提供

二十世纪七八十年代益都县果品公司到井塘村扶贫

1978 年春，益都县果品公司党支部书记牟纯海同金玉星到井塘村扶贫。其间先后投资 3 万多元，帮助打机井 2 眼（井深 180 米），修建扬水站 1 座、蓄水池 1 个，解决了全村生产生活用水。1979 年，千方百计协调供电部门，解决井塘村民用电问题。一条线路由石皋村直通机井，解决动力用电；另一条线路由下院村通井塘村，解决村民照明用电。1984 年，牟春海代表县果品公司和井塘村联营，推广山楂种催芽、小拱棚育苗、嫁接技术。1985 年，全村大规模育苗，效益可观。自此，大多数村民掌握了苗木嫁接技术，形成一支技术队伍，每年都到全国各地为育苗大户嫁接苗木。

2003 年山东省民俗学会年会暨青州古村落民俗资源学术研讨会在青州召开

2003 年 11 月，山东省民俗学会年会暨青州古村落民俗资源学术研讨会在青州召开。省内代表 35 人、国内特邀专家 4 人、日本专家 5 人参加会议。11 月 8 日，与会人员考察井塘古村。11 月 9 日，山东大学教授叶涛就井塘古村民俗资源调查作主题发言。中国

2003 年 10 月，山东省民俗学会 2003 年年会暨青州古村落民俗资源学术研讨会在青州召开　　孟宪涛　提供

民俗学会副理事长、北京师范大学博士生导师刘铁涤，历史学家、民俗学家、北京师范大学博士生导师赵世瑜，民俗学家、烟台师范学院教授山曼，日本民俗学会执行主席汤川洋司等在会上进行学术交流。井塘古村引起国内外关注。

◉ 2011 年青州市委、市政府决定对井塘古村进行旅游开发

2003 年农历六月，山东大学民俗研究系教授叶涛和山东建筑学院教授姜波带领研究生考察井塘古村，调研井塘民俗情况，发现井塘明代古村落。后又联合北京大学、清华大学、山东艺术学院等多家高等院校民俗研究方面的教授、专家，组成专家论证小组，对井塘古村进行多次考察论证，并向青州市委、市政府提出开发建议。经多次实地考察，2011 年 5 月，青州市委、市政府决定成立井塘古村旅游项目建设指挥部，对井塘古村实施保护性开发，发展乡村旅游事业。

◉ 2014 年《乡土——玲珑山下的村庄》在央视播出

2013 年年末，中央电视台七频道《乡土》栏目组到井塘古村，历时两天，对古村景点逐一拍摄并由孙好平作详细解说。2014 年 4 月 2 日 12 时 28 分，在中央电视台七频道播放 28 分钟，4 月 3 日 23 时重播，井塘古村的知名度得到很大提高。

2016 年井塘村入选中国传统村落

2015 年 4 月 14 日，山东省住房和城乡建设厅下发《关于做好第四批中国传统村落推荐上报工作的通知》，井塘村两委在井塘古村旅游项目建设指挥部和王府街道办事处协调帮助下，积极申报中国传统村落。2016 年 11 月 15 日，井塘村因保存大量完好传统村落资源及错落有致的格局等特点，特别是其中的一些先民居住院落传统风貌保存完好，从众多参选的村落中脱颖而出，入选第四批中国传统村落。

2017 年台湾新党主席郁慕明率团到井塘古村考察

2017 年 7 月 20 日，台湾新党主席郁慕明率中华儿女文史体验营一行 29 人到井塘古村考察，对古村落原生态风貌的保护感到十分震撼，并表示将介绍更多台湾同胞到井塘古村考察观光。

2017 年 7 月 20 日，台湾新党主席郁慕明（左四）率中华儿女文史体验营到井塘古村考察　孙全铭　摄

井塘古街　　马学礼　摄

附录

井塘村村规民约

为搞好社会社会主义新农村建设，更好地发展乡村旅游，拉动井塘村经济发展，经村两委及全体党员、村民代表研究，特制定村规民约如下：

一、社会治安

1. 违法犯罪被判刑或拘留的。

2. 打架斗殴报派出所立案处理的。

3. 引起游客投诉造成恶劣影响的。

4. 不服从管理，阻碍公务人员执行公务的。

对有上述行为的，一律严肃处理。

5. 严禁酒后在大街上大吵大闹，打架斗殴，影响游客旅游和村民正常生活秩序。

6. 严禁造谣惑众、搬弄是非、诽谤他人和上网散布不良信息。

7. 严禁村民偷水、偷电。

8. 严禁化公为私、破坏公共财物和他人财物。村民有义务爱护公共设施和绿化设施。

9. 经营业户必须按村委规定的摊位摆摊经营，要整齐有序，不能乱摆乱放，要服从管理。

10. 经营业户必须搞好摊位卫生，不能乱扔垃圾，所产生的垃圾及时放入垃圾箱，保持摊位卫生。

11. 经营业户对游客态度要和气，讲文明，有礼貌，不能欺客宰客、强买强卖、少斤缺两，更不能销售假冒伪劣物品、过期变质物品和国家禁止销售的一切物品。违者，一经发现从严处理，并取消经营资格。

12. 任何村民不能无票私带游客进入景区和不按规定到售票处领票。

二、环境卫生

1. 生活垃圾一律送入垃圾箱，不能乱丢、乱放、乱倒，保持房前屋后清洁卫生，特别是景区、景区接合部、主道两侧住户所产生的污水不能排放到街道上。

2. 鸡、羊、狗全部实行圈养，不能放养。

三、交通管理

1. 公路两侧和村内所有的街道、观光路、停车场、生产路不准堆放柴草、砂石、晾晒粪类、山楂片、山楂子等一切妨碍交通和影响村容的物品。

2. 车辆停放，有条件的村民停放在自己院子内，无条件的可停放在停车场，坚决不允许停放在村内主路上，特别是节假日期间，必须服从村两委的管理。

3. 凡在村内居住的村民，冬季在雪停后一日内将前后邻里道路清扫干净，不能堆放在村民界定范围内的公共道路上，每个村民都应积极参与扫雪。

四、护林防火

1. 严禁村民烧地边、地堰，严禁野外用火。

2. 村民上坟烧纸要特别注意火患，做到火灭人离，确保万无一失。

3. 严禁把房子出租给加工、储存易燃易爆或不符合国家规定的经营业户。

4. 加强少年儿童防火意识教育，严禁玩火，以防火灾。

5. 村民家用电器要请专业人员安装，不能私自接电，确保用电安全。

6. 严禁村民把没有燃烧透的或正在燃烧的煤炭倒入垃圾箱。

7. 发现起火点应立即报告并及时扑灭。

8. 严禁乱砍、乱伐树木和在林区内放牧。

五、村风民俗

1. 新事新办，红白公事从俭，不搞特殊，不铺张浪费。

2. 邻里和睦相处，互敬互让，互帮互助，不得打架斗殴，扰乱社会秩序。

3. 不搞封建迷信活动，不参加任何邪教组织。

4. 不拉帮结派，反对家族主义，反对搞小集团活动，促进村内和谐稳定。

5. 每个村民都要做到拾金不昧、助人为乐，特别是对外来游客的问题，要实言相告、真心对待，不能指东打西、欺骗游客，维护古村形象。

6. 要尊重老人，对失去劳动能力的老人和不能自理的老人，要按时给老人做可口的饭菜，保证老人被褥、衣服、室内卫生干净，使老人衣食无忧，丰富老人文化生活，给老人配备电视机。

7. 冬季取暖，在保证适宜温度的情况下采取通风措施，防止煤气中毒。夏季在老人住处必须有降温措施。

8. 对未成年人必须加强爱国爱家教育，遵纪守法，杜绝违法犯罪。

9. 教育孩子不到水深的地方、不到危险的地方，注意安全，保证孩子健康成长。

10. 严格遵守计划生育政策，杜绝计划外生育。

六、婚姻家庭

1. 男女平等，婚姻自由，绝不能包办婚姻，对上门女婿不欺生、不歧视。

2. 夫妻共同承担家务劳动，相互尊重，不能以强欺弱，不搞大男子主义。

3. 婆媳之间要和睦相处，互相理解，相互尊重，儿媳妇不能虐待公婆，公婆也要善待儿媳。争当好婆婆、好儿媳，共建和谐家园。

七、不能乱搭乱建，若需建设或危房改造的，必须有上级主管部门审批手续方可进行。严禁乱采乱挖山体奇石，破坏植被，严禁捕杀野生动物，保护生态平衡。

八、在古村旅游项目建设中，要服从整体规划、服从村两委管理，配合村内工作，要以大局为重，舍小家顾大家。

以上诸项按分考核，如有违犯，按情节轻重扣分，年终统算，古村发放的福利将从被扣分数中扣出，对于好人好事则给予表彰奖励。

中共井塘村支部委员会

井塘村村民委员会

2016 年 5 月 23 日

井塘古村保护管理办法

第一章　总则

第一条　为加强对井塘古村的保护与管理，弘扬民族历史文化，依据国家有关法律、法规，结合井塘村实际，制定本办法。

第二条　井塘村保护和管理的范围，包括井塘村行政区划内具有历史、文化、艺术、科学、旅游价值的传统建筑、传统街区、文物古迹等文化遗产与非物质文化遗产。

第三条　井塘村的保护管理的原则是保护第一、科学规划、合理利用、有效管理，在保持井塘村原有总体布局、形式、风格特点的前提下，进行村落建设总体规划和必要的保养、维修、改造。

第四条　井塘村的保护管理以国家、省、市及地方相关规划条例为依据，实行统一领导、统一规划、专业管理。井塘村委主持保护管理的日常工作。

第五条　井塘村所有村民及村内企业和其他组织及个人，都有保护井塘村物质文化与非物质文化遗产的义务，必须遵守本办法。

第六条　对古村保护管理作出显著成绩单位和个人，视情况给予相应表彰和奖励。

第二章　古村保护管理

第七条　对具有重大历史文化价值和地方传统特色的传统街道、历史建筑，实行重点保护，确保其原有的总体布局、风格和风貌。村内房屋建筑、道路、水系的保养、维修、改造、重建工作，都必须按保护规划进行，严格控制建筑物高度和密度以及与历史建筑的和谐性。

第八条　保护区的界定。以井塘古村•玲珑山为中心的保护区，重点保护区内具有历史、文化、艺术、科学、旅游价值的传统建筑物及良好的原生态自然风景，该区域内的建筑本身和环境均要按保护规划的要求进行保护，不得随意改变原状、面目及环境，不得施行日常维护外的任何修建、改造、新建工程及其他任何有损环境、观瞻的项目。如需进行必要的修缮，应在专家指导下按原样进行修复，做到“修旧如故”。

第九条　井塘村内的历史建筑、道路、水系和其他设施，任何单位和个人不得擅自移动、拆除和改建。需要进行保养、维修、改造、重建、新建的工程，必须先经村委同意，依法向有关部门办理审批手续，严格按规定进行施工和验收。

第十条　按总体规划，井塘村历史建筑、街区、文保单位的保护范围及建控地带，由村委上报文物、规划部门划定。

第十一条　逐步调整井塘村内的产业结构，重点发展具有地方特色的无污染、无公害的产业。在井塘村内严禁新建有污染、公害和其他灾害隐患的企业场所；对现有的污染企业，必须限期治理或者搬迁。

第十二条　加强井塘村内道路与交通安全管理，严禁大型车辆、危险品运输车辆及其他有可能对古村道路及环境带来威胁的车辆入内，积极发展绿色、环保交通。

第十三条　加强井塘传统道路、水系的保护管理。采取措施保护水源，加固和保养河堤，清除河床淤积，保持河水洁净和水质卫生。

第十四条　加强井塘环境保护及灾害防范工作，保持其古朴、幽雅和整洁、卫生、美观的村庄环境，所有建设必须与村落原有的特色保持和谐统一。

合理规划，因地制宜，采取措施，做好井塘村的防洪泄洪、防止泥石流以及防雷、防震工作。

第十五条　在井塘的保护与建设中，禁止下列行为：

（一）违章建筑及损坏古建筑物；

（二）妨碍道路交通和损坏村容村貌；

（三）破坏、损坏水系设施和造成水质污染；

（四）危害公共安全和利益；

（五）其他违反国家法律、法规和保护管理办法的行为。

第三章　井塘古村·玲珑山文物古迹保护管理

第十六条　在井塘古村·玲珑山内具有历史、文化、艺术、科学价值的古建筑、古遗址等历史文化遗产及文保单位建立说明碑和保护标志，加强保护。

第十七条　重点加强关帝庙古建筑及古村内古院落群、玲珑山魏碑石刻群、仪宾府遗址等文物点的保护。

第十八条　文保单位、古树名木及其他文物古迹由文物、园林等相关单位划定保护范围及建控地带，作出标志说明，建立记录档案。

第十九条　文保单位、古树名木及其他文物古迹，可以向游人开放，并由村委具体负责日常管理。

第二十条　在井塘村内进行文物考古发掘，由文物部门依法进行，任何单位和个人不得私自发掘。

在进行基本建设、工农业生产、私人建房中，如发现文物，必须保护好现场，并立即报告文物部门处理；发掘的文物，全部由博物馆收存，任何单位和个人不得截留、私分和转移。

第二十一条　利用古村古建筑、历史文物、风景名胜进行营业性录像、拍摄电视、电影等，必须按规定报经相关机关批准。

第二十二条　在文物古迹和名人故居保护管理中，禁止下列行为：

（一）擅自挖掘、私分和非法隐匿文物；

（二）强占或者危害文物古迹和名人故居；

（三）破坏、损坏文物古迹建筑、名人故居及其保护设施；

（四）非法复制、仿制、伪造文物；

（五）私自收购和倒卖文物；

（六）其他违反国家法律、法规和保护管理办法的行为。

第四章　古村内民居保护管理

第二十三条　必须加强古村民居的消防管理。居民在古村内房屋、院落等属个人居住区内需使用生活用火，必须有防火安全措施；在其他非个人居住区的地方，一律不得使用各类明火。在古村内铺设电气线路和安装用电设备，必须严格按照电气安全技术规程，由专业人员统一进行。凡违反消防安全要求的，必须限期拆除或重新安装。

古村民居需要修缮时，应由指挥部及村两委和施工单位共同制定消防安全措施，明确责任，配齐灭火器材。

古村管理和使用单位及个人应根据需要，配备相应的消防设施、器材和设置符合国家标准的消防安全标志，并定期进行检验、维修，确保消防设施和器材的完好、有效。

第二十四条　古村内民居装修应当符合整体规划，不得在古建筑物上堆放、吊挂有碍景区风貌的物品；不得搭建影响景区风貌的附属建筑物和其他设施；不得安装影响景区风貌和有损古建筑民居保护的房顶接收设备和其他室外设施。

第二十五条　在古村民居范围内禁止下列行为：

（一）在古村民居的殿屋进行生产用火；

（二）违章建筑和损坏景区风貌；

（三）破坏古村民居和保护设施；

（四）妨碍消防秩序和破坏消防设施；

（五）其他违反国家法律、法规和保护管理办法的行为。

第五章　罚则

第二十六条　凡有违反本办法所列禁止行为之一的，由村委和有关部门分别根据有关法律、法规视情节轻重给予下列行政处罚：

（一）警告；

（二）没收非法所得和违法物品；

（三）罚款；

（四）吊销有关证照；

（五）法律、法规规定的其他行政处罚；

以上各项处罚可以单项处罚，也可以几项合并处罚。

违反《中华人民共和国治安管理处罚条例》的，由公安部门依法处罚。

构成犯罪的，由司法部门依法追究刑事责任。

第二十七条　管理人员必须秉公执法、文明执法，不得玩忽职守、徇私舞弊，利用职权牟取私利。

第六章　附则

第二十八条　本办法遵循国家、省、市及地方政府相关规则要求，受上级主管部门监督。

第二十九条　本办法由井塘村委制定并负责解释。

第三十八条　本办法自 2013 年 1 月 1 日起施行。

中共井塘村支部委员会

井塘村村民委员会

2003—2018 年井塘村所获荣誉一览表

表 2

荣誉名称	授予单位	时间
青州井塘创作基地	潍坊市摄影艺术研究院	2003 年 5 月
井塘古村民俗研究基地	中国民俗学会中国乡村民俗旅游研究中心	2006 年 7 月
全国绿色小康村	全国“创绿色家园・建富裕新村”行动工作领导小组	2007 年 9 月
山东省历史文化名村	山东省人民政府	2013 年 10 月
山东省传统村落	山东省建设厅	2014 年 10 月
中国乡村旅游模范村	中华人民共和国国家旅游局	2015 年 8 月
山东省“乡村记忆”工程文化遗产单位	山东省“乡村记忆”工程办公室	2015 年 5 月
学习型党组织建设示范点	潍坊建设学习型党组织工作协调十组	2015 年 11 月
理论大众化示范点	中共潍坊市委宣传部	2015 年 11 月
2015 山东最美旅游风情小镇	大众日报社、山东旅游协会	2015 年 12 月
中国摄影创作基地	中国风景区摄影网	2016 年 5 月
中国美丽乡村百佳范例	农业部、中国农村杂志社	2016 年 9 月
中国传统村落	住房和城乡建设部	2016 年 11 月
山东省乡村治理十佳案例	山东社会科学院、大众报业集团、大众日报社	2017 年 4 月
青州市先进基层妇女组织	青州市妇女联合会	2017 年 9 月
山东省社会科学普及示范村（社区）	山东省社会科学界联合会	2017 年 12 月
市级文明村镇	潍坊市精神文明建设委员会	2017 年 12 月
潍坊市学习型党组织建设示范点	中共潍坊市委宣传部、潍坊市建设学习型党组织工作协调小组办公室	2017 年 12 月
青州市第一届“书香社区（乡村）”发现活动	中共青州市委宣传部、青州市文化广电新闻出版局	2018 年 12 月

◉ 主要参考文献

李建华主编:《青州民间文学集成》，山东文艺出版社，1989 年。

李明忠主编:《潍坊诗词》，齐鲁书社，1992 年。

孙贵松主编:《名人名家誉青州》，中国文联出版社，2006 年。

《潍坊人文自然遗产名录》编委会编:《潍坊人文自然遗产名录》，中国文联出版社，2006 年。

邱兆锋主编:《古风遗韵》，文化艺术出版社，2009 年。

赵卫东、庄明军编:《山东道教碑刻集（青州昌乐卷）》，齐鲁书社，2010 年。

叶涛、孟庆刚主编:《玲珑山下井塘村》，广西师范大学出版社，2013 年。

◉ 编纂始末

2018 年 1 月，承蒙山东省地方史志办公室和潍坊市地方史志办公室推荐，青州市王府街道井塘村有幸参加中国名村志文化工程，青州市井塘古村旅游项目建设指挥部、井塘村村民委员会成立井塘村志编纂委员会，聘请方志出版社潍坊工作站牵头组稿。孙好平、孙全道、孟宪涛负责提供史料，王现友、李宁负责总纂和图片征集、拍摄。6 月 20 日，编委会召开第一次调度会。6 月底，村志初稿形成。

井塘地处青州市西南部山区，明景泰年间立村，有保存较完好的明代建筑风貌古村落和宗教祭祀及民间香社传承。2011 年起，古村民俗旅游开发带动全村经济发展和美丽乡村建设，井塘村先后获“山东省历史文化名村”“山东省最美乡村”“山东省最美旅游风情小镇”“中国传统村落”“中国美丽乡村百佳范例”“中国乡村旅游模范村”等荣誉称号。玲珑山白驹谷北魏郑道昭摩崖题刻被誉为“魏碑三奇”之一，为山东省重点文物保护单位。《中国名村志丛书 · 井塘村志》的编纂，突破传统志书体例，紧紧围绕上述称号，突出“名”和“特”，重点记述古村民俗旅游，力求观点正确、行文规范、内容丰富、留住乡愁。为掌握第一手资料，编纂人员驻村，走街串巷、登山涉谷，考证掌故、辑录旧闻，拍摄并征集了大量珍贵照片。对照《中国名村志文化工程实施方案》，按图文并茂、相得益彰的要求，反复修改，悉心编辑，2019 年 3 月初，聘请青州市政协原副主席、青州市井塘古村旅游项目建设指挥部指挥孟庆刚任主编，对志稿进行通审通改，形成样书。4 月 3 日，通过中共山东省委党史研究院（山东省地方史志研究院）组织的终审。

《中国名村志丛书 · 井塘村志》编修，得到中国地方志指导小组办公室、方志出版社、中共山东省委党史研究院（山东省地方史志研究院）、中共潍坊市委党史研究院（潍坊市地方史志研究院）、青州市政协、中共青州市委党史研究中心（青州市地方史志研究中心）领导和专家的指导和支持，井塘村党支部、村委会为志书提供了大量珍贵的历史图片和资料，在此一并表示衷心感谢。

由于成书时间仓促，编辑力量不足，又限于水平，难免差错，敬请方志界专家和读者批评指正。

编　者

2019 年 5 月